JN085841

ワイン・日本酒・焼酎・ウイスキー・ビールをおいしく合わせる

すし・和食の
ペアリング法則

鮨とワインのアカデミー代表・大江弘明 著

すしとワインは合いますか?

　私は、東京にある『鮨　日本橋　鰤門(しもん)』という鮨店で8年間、ソムリエとして働いていました。「鮨とワイン」をコンセプトに、新規オープンしたのですが、1年目、ワインが全然売れずに大変、苦戦をしました。その時によくお客様から言われたのが、
　「すしとワインは合わないよね」という事でした。

　「すしとワインは合いますか?」と聞かれたら、どう答えますか?
　「すしとワインは合わない」
　「すしとワインは、生臭くなる」
　「すしの味わいが、ワインの味わいで消えてしまう」
　「すしには、日本酒が合う」
　「すしには、焼酎が合う」
　「すしには、ビールでしょう」
　「すしにはハイボールだよ」
　そのような、意見が出るでしょう。
　なぜ、すしとワインが嫌われるのか、まとめてみると、下記の意見が大半でしょう。
すしとワインは合わない、なぜなら、生臭くなるから。
すしの繊細な味わいをワインが消してしまう、赤ワインはなお更、渋さや濃さが繊細な味わいを消してしまう。
すしに合う日本酒や焼酎、ビール、ウイスキーの水割りやハイボールがあるのに、わざわざワインを飲んで合わせる必要がない。

　そういうことであれば、
・なぜ、生臭くなるのか?
・本当に繊細な味わいを消してしまうのか?
・なぜ、日本酒や焼酎、ビール、ウイスキーの水割りやハイボールが合うのか?
　を調べてみたのが、きっかけとなり、「すしとワインの楽しみ方」を見つ

けました。

　すしとワインを試してみたいけれど、生臭くなりそうだから、敬遠してしまう人の為に、一歩踏み出す、きっかけとなればいいと思います。そして、すしとワインが好きな人の為にも、もっと好きになる様になってもらいたいと思います。

　そもそものきっかけは、「なぜすしとワインは合わないのか?」という疑問でしたが、そのことを徹底的に研究する中で、すしだけでなく和食とワイン、そしてアルコールドリンク全般との相性の法則も見つけます。アルコールドリンク全般とは、ワインを初め、日本酒、焼酎、ビール、ウイスキー、スピリッツのことを指します。一般的にすし・和食を食べる時に飲まれているアルコールドリンクです。以下、アルコールドリンクは「酒」として表記します。

　今でもすし・和食は世界で人気ですが、これからもっと、すし・和食は世界に、発信されていきます。世界的にヘルシー志向が追い風となって、すし・和食は世界の人々に好まれ、すし・和食と酒を合わせる機会が増えていきます。

　その時に、すし・和食と酒は、このように楽しむ事が出来るんだよと、世界の人々にアドバイスが出来たら、どんなに素敵な事でしょう。そんなきっかけとなったらと思い、書籍として一冊にまとめてみました。

　鮨店でソムリエとして働いてきた観点から、徹底的に研究し見つけ出した、経験と成果です。難しい言葉で書いて、読者が読むのを止めてしまわないように、誰もがわかるように、出来るだけわかりやすい言葉を選んで書きました。

　あなたが好きな、すしや和食と、好きな酒を一緒に楽しむ事が大切です。難しい事を考えながら楽しむ事は難しいと思います。自由に楽しく、そしてすしや和食、好きな酒がとても美味しくなる事を望みます。

　これから、すし・和食と酒の相性を科学的に解き明かし、「**すし・和食と酒のペアリング法則**」を詳しく説明していきます。

目　次

第4章　すし・和食と各種酒の相性を考える　日本酒・焼酎・ウイスキー・ビール・スピリッツ　83

1　日本酒とすし・和食の合わせ方　84

5

目　次

本書でご紹介しているボトルは、令和3年3月31日現在のもの
です。年度によってはラベルが変わったり、終売になったり、
取り扱い企業が変わったりするものがあります。

第1章

ペアリングする楽しさ
すし・和食とドリンクの
相性を知る事の意味

相性とは何か

　人は料理を食べる時には、必ず何かしらのドリンクを飲みます。アルコールのドリンクであったり、ノンアルコールのドリンクであったり、水やお茶だけかもしれません。人それぞれです。

　食事の時にドリンクを飲むという行為は、口の中の料理を流し込むという目的、味覚をリセットするという目的がありますが、それ以上に自分が好きなドリンクを楽しみ、自分の好きな料理を一緒に楽しむという素晴らしい体験が目的です。

　その時に好きな人と、好きなドリンクと好きな料理を楽しめたら、もっと素晴らしい体験となる事でしょう。

　人と人との相性があるように、ドリンクと料理の相性もあります。ドリンクと料理の相性は、どちらも美味しく楽しめるようにする事が大切です。

　この章のタイトルにある「ペアリング」とは、「相性」「組み合わせ」の事を指します。ドリンクと料理を合わせて、どちらも美味しく感じる組み合わせの事です。

　例えば、ウイスキーをストレートで飲むのが好きな人がいたとします。その人がイカの刺身を塩で食べるのが好きだったとしても、アルコール度数が40度ある強いウイスキーを一緒に飲んだら、イカの本当の味わいがわかりません。強いアルコール度数と苦味の強いウイスキーで、繊細なイカの味わいを消してしまっているからです。

　しかしウイスキーを水割りやソーダ割りにすれば、アルコール度数が下がり、苦味もまろやかになり、好きなイカの刺身の繊細な味わいを消す事なく楽しめます。このことは、ドリンクと料理の相性を良くしていると言えます。良い相性とは、好きなドリンクと好きな料理を一緒にどちらも美味しく楽しめる事です。

せっかく美味しいドリンクと美味しい料理を合わせて、まずくしてしまっては、意味がありません。しかし相性の悪いドリンクと料理を合わせてしまうと、まずくなってしまいます。選び方次第で、相性を良くも悪くも出来ます。

　近年、様々なノンアルコールドリンクとのペアリングも注目されていますが、本書では伝統的で身近なペアリングとして、すし・和食とアルコールドリンク(以下、「酒」と表記)とのペアリングについて、紹介していきたいと思います。

同じすしや和食も酒との組み合わせで、味わいが大きく変わる

　すしや和食の特徴は、素材の味わいを生かし、食材を生のままで使用したり、洋食のような濃い味付けではなく、出汁の味わいを生かしたりした繊細な淡い味付けです。そして特に魚介類を生で多く提供する事も特徴であります。その代表的な料理が、すしや刺身です。

　後で詳しく説明しますが、生の魚介類に、ワインを合わせてしまうと、生臭くなる事があります。「磯の風味」と「生臭み」は大きく違い、「生臭み」とは不快感です。

　生臭くなりやすい酒として挙げられるのがワインですが、実は生臭くならないワインもあります。また日本酒は生の魚介類に相性が良いと言われています。生の魚介類に合わせても生臭くならないのです。

　このように、同じすしや和食も酒との組み合わせで、生臭くなったり、生臭くならなかったり、味わいが大きく変わるのです。

　以下にご紹介するように、すし・和食に酒を組み合わせる基本があります。ペアリング(相性)の基本です。ペアリングの基本を知っ

て、この組み合わせを実行すると相性が良くなります。

1.生の魚介類を多く使用するすし・和食には生臭くならない酒を合わせる

　魚介類の中で、生で食べる事が美味しい食材を、ドリンクを合わせる事により、生臭くしてしまっては、意味がありません。魚介類と合わせても生臭くならない酒はあります。その酒を知って、合わせる事が大切です。

2.すし・和食の繊細な淡い味わいを消さないようにする

　淡い味わいの料理には、軽い味わいの酒。濃い味わいの料理には、濃い味わいの酒を合わせます。

　すし・和食は素材の味わいを生かした調理法で作ります。せっかく素材の味わいを生かしているのに、その味わいを消してしまっては、意味がありません。濃い味わいのすし・和食であれば、濃い味わいの酒を合わせても、楽しむ事が出来ます。

3.ドリンクとすし・和食の同調する要素を合わせる

　香りや風味を大切にする調理法のすし・和食には、その調理に使用する香りづけ、風味づけの物に合わせて、同調する香り・風味を持つ酒を合わせます。

●柑橘類の皮や果汁の香りや風味、薬味の香りや風味を意識します。

・スダチやユズなどの柑橘を使う料理には、柑橘類の香りや風味を持つ酒

・生姜や山椒を使う料理には、生姜や山椒の香りや風味を持つ酒

・ワサビや木の芽を使う料理には、青草やハーブの香りを持つ酒

　　（＊香りとは、食材や酒に鼻を近づけていき鼻から入ってくる情報
　　　＊風味とは、食材や酒を口にし、飲み込んだ後に鼻に上がってくる情報）

●使用する食材が持つ味わいや成分も、同調する酒があります。
　・出汁のアミノ酸の旨味には、アミノ酸の旨味のある酒
　・塩の味わいには、塩味のある酒
　・魚介類が持つミネラル分には、ミネラル感を持つ酒

4.マスキング効果（料理を包み込む効果）を活用する
●スパイスの香りや風味、生姜の香りや風味を持つ酒は、マスキング効果がある。
　魚介類には生臭み、肉類には臭み（血の臭みや獣臭）のある物があります。料理の香りづけに使用するスパイスは、そのスパイスが持つ香りや風味で、生臭みや臭みをマスキングするという効果があります。
　酒にもスパイスの香りや風味、生姜の香りや風味を持つ物があります。その酒が持つスパイスの香りや風味、生姜の香りや風味が、生臭みや臭みをマスキングします。
●旨味成分であるアミノ酸を多く持つ酒は、マスキング効果がある。
　旨味成分で生臭みや臭みを包んでしまうといった事です。
　日本酒は、その旨味成分であるアミノ酸を豊富に含んだ酒ですので、最適な酒と言えます。ワインにもアミノ酸を多く含んだ物がありますので、そのようなワインを合わせれば、マスキング効果が高まります。
　ミネラル感が高いワインも同じです。ミネラル感が高ければ、まったりと濃く感じますので、生臭みや臭みを包む事が出来ます。
●コクのある味わいの酒は、マスキング効果がある。
　軽い味わいの酒よりコクのある味わいの酒の方が、マスキング効果が高くなります。日本酒やワイン、ビールでコクのある味わいの物を選べば、生臭みや臭みを包む事が出来ます。繊細な味わいのすし・和食であれば、繊細な味わいを消さないように注意し

ながら選ぶ事が重要になります。

●アルコール度数が高い酒は、マスキング効果がある。

すし・和食の繊細な味わいを消さないように、軽い味わいやアルコール度数の低い酒を選ぶ事が大切です。そのことに反対の事であると思われてしまいますが、生臭みや臭みを包むには、アルコール度数の高い酒を選ぶ事があります。

高いと言ってもアルコール度数20%までが限度です。ワイン、日本酒、ビールは平均のアルコール度数より高い物を選べば、生臭みや臭みを包み込む事が出来ます。焼酎、ウイスキーはアルコール度数20%までを気にしながら、水割りやソーダ割り、お湯割りやロックで、楽しむ事が可能です。

●酒の高い温度を活用して、マスキング効果を高める。

日本酒は冷酒から熱燗まで楽しめる提供温度の幅がある酒です。冷酒より熱燗の高い温度の方が、マスキング効果が高いと言えます。焼酎やウイスキーも水割りよりお湯割りの方が、マスキング効果が高まります。

5.発酵食品である醤油、味噌、酢、みりんに、発酵の要素が出ている醸造酒を合わせる

醸造酒であるワインや日本酒には、同じ発酵食品である醤油、味噌、酢、みりんと同調する風味やアミノ酸、酸味、旨味、甘味があります。そこで以下のように、それらの風味や成分と合わせます。

・醤油を使う料理には、醤油の香りや風味を持つ酒
・発酵食品のアミノ酸と醸造酒が持っているアミノ酸の同調
・酢の酸味とワインの酸味
・日本酒やみりんを使っている料理には、同じ日本酒や、みりんの甘さに同調する甘さを持ったワインや日本酒を合わせる

すし・和食には、合う酒と合わない酒がある

　すし・和食に酒を組み合わせるには以上のような基本があり、こうしたペアリングの基本を知って、この組み合わせを実行すると相性が良くなるという解説をしました。

　つまり、この基本と逆のペアリングを行ってしまうと、そのすし・和食には合わない酒となってしまうと言えます。

　すし・和食に合わないドリンクとは、どういう酒かと言いますと、

◎すし・和食と合わせて生臭くなってしまう酒

　せっかく美味しいすし・和食と美味しい酒を合わせて、生臭くなってまずくしてしまったら意味がありません。

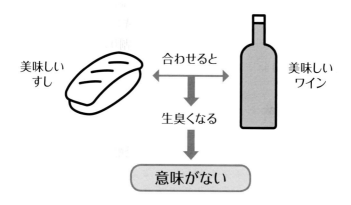

◎すし・和食の味わいを消してしまう程の強い酒

　強いアルコール度数の酒、渋味や苦味を多く持つ酒、極端に甘い酒、香りや風味が強過ぎる酒、濃過ぎる味わいの酒は、繊細なすし・和食の味わいを消してしまいます。

◎料理とまったく反対の味わい物

　甘い料理に酸味のある酒、甘い料理に苦い酒や渋い酒、苦味や渋味のある料理に甘い酒、酸味のある料理に甘い酒、香りや風味が強い料理に香りや風味の弱い酒。辛過ぎる料理に香りや風味の弱い酒は、相性を悪くします。

　（これらのことは一般的な事柄で、主観的に好みの場合の人も、中には居る事もあります）

すし・和食と酒の相性を知る事の意味

　せっかく美味しいすし・和食と美味しい酒を合わせて、生臭くなってしまったり、すし・和食の味わいや、酒の味わいを消してしまったり、合わせる事により、すし・和食も酒もまずくしてしまっては、意味がありません。

　そのようなことがないように、ペアリングの基本の法則を知る事が大切となります。それが「すし・和食と酒のペアリング法則」と言えます。

　これから、すし・和食と様々な酒との個別のペアリング法則を細かく解説していきます。

第2章

すしとワインから、相性の「法則」を探る

すしとワインは、なぜ生臭くなるのか？

　私も、過去にすしにワインを合わせて、生臭くなった経験は、何度もありました。

　白身魚、赤身魚、光物、甲殻類、イカ、タコ、魚卵、その他。生ものを多く使用する事が、すしの大きな特徴です。特に、赤貝・ツブ貝等の貝類、コハダ・締めサバ・イワシ等の光物、イクラ・カズノコ等の魚卵、ウニ・イカ・タコ・エビと生臭く感じたネタは、数多くありました。

　魚介をよく使うのは、すし以外の和食も同様です。その中でも、特にカズノコは、ひどいものでした。お正月に毎年、カズノコと白ワインを口にして、ひどい生臭さを感じていました。その時には、なぜかという事は、考えもした事がありません。カズノコとワインは、相性が悪いのだと思うだけであり、カズノコの生臭みを際立たせてしまうのが、ワインなのだと思っていました。ワインとカズノコを口にして、生臭く感じた人は多くいます。よく話題になります。

　一方で、カズノコと日本酒や焼酎は、生臭くならない。なので、日本酒や焼酎は、相性がいいのだと思いながら、日本酒や焼酎で、カズノコを楽しんでいました。

生臭くなるイコール、ワインと合わない
すしとワインの相性が悪い

　すしとワインを合わせると、生臭みを感じた事がある人は、多いと思います。

　私がすし店で、すしとワインをコンセプトに営業をしていく、ソムリエとしてすしとワインを広めていくという事で、働き出したのが、2010年の8月からです。その頃に、色々とすしとワインの事を勉

強しましたが、個々のすしダネに合うワインは何かという記事が多く、タネが変わる度に、ワインも変えていかなければならないのかと、悩みました。すしとワインがなぜ生臭くなるのかという事も、記載がありませんでした。

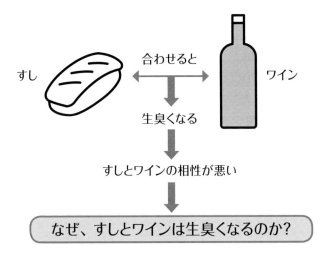

すし　合わせると　ワイン

生臭くなる

すしとワインの相性が悪い

なぜ、すしとワインは生臭くなるのか?

　すしは、コースの流れで提供されていきます。そして、お客様が飽きないように、味わいに強弱のアクセントがつけられ、提供されます。淡白な白身の後に、マグロの赤身、光物が出て、貝が出て、中トロ・大トロ、また貝になって、脂のある白身、ブリやカツオの脂が多い物、そして貝、ウニ、イクラ、穴子…といった具合です。

　そこですしダネに合わせてワインをおすすめするとなると、その都度、淡白な白身には白ワイン、マグロの赤身は赤ワイン、光物にはシャンパン、貝は白ワイン、中トロ・大トロには赤ワイン、また貝や脂のある白身に白ワイン、脂の多いブリやカツオには赤ワイン、また貝に白ワイン、ウニは赤ワイン、イクラには白ワイン、そして穴子に赤ワインといった合わせ方になります。そういう合わせ方

は、不可能ではありませんが、現実は難しく、出来ないと言ってもいいと思います。

そしてお客様には、ワインの好みがあります。シャンパンが好き、軽い白ワインが好き、樽熟の白ワインが好き、軽い赤ワインが好き、渋い赤ワインが好き、ロゼワインが好きと様々です。

意外にも、すし好きのお客様には、赤ワイン好きな方が多く、すしと赤ワインを楽しみたいという、ご要望が多い事も知りました。しかし、赤ワインは生臭くなりやすい、そして繊細なすしの味わいも消してしまうという問題があります。

美味しいすしと美味しいワインを合わせて、生臭くなってしまったら、意味がありません。生臭くならないワインはないものか。その事を優先して、すしに合うワイン探しをしていきます。

なお、この章ではすしを中心にワインとの相性を解説していきますが、刺身をはじめ和食の料理とも関連していますので、ご参考ください。

ワインと煮干しで官能評価

そしてたどり着いたのが、なぜ、すしとワインは生臭くなるのか？という疑問です。

この疑問の解決に当たっては、色々なワインの本、ワインの雑誌を読んで、ひとつのきっかけとなる記事に出会います。それが、日本ワイン検定公式テキストの中にある、コラム欄の「ワインと魚介類の相性」で、2008年9月に、日本味と匂学会で発表された、メルシャンの田村隆幸氏の研究結果です。

生臭みの原因として、ワインに含まれる鉄分が関係している文献です。ワインに含まれている鉄分と食材が持っている鉄分が反応すると、生臭くなるという研究結果です。

メルシャンの研究結果によると、ワインの鉄分の要因は、3つあると言われています。

　一つ目は、土壌からブドウの木が根から吸収して、ブドウの実に蓄積するというものです。ブドウの実が、健康に成長する為には、鉄分が栄養として必要です。人間も生きてく上で、鉄分を栄養として必要な事と同じです。

　二つ目は、肥料に鉄分が含まれていて、肥料を使用する事により、鉄分を吸収するという事です。

　三つ目は、醸造過程で、ポンプ、配管、タンク、樽に使用する金具、ビスから鉄分がワインに溶出するという物です。私が醸造家の方に聞いた話ですが、古い設備ほど、鉄分の溶出が多くなるそうです。

　ワインの鉄分の要因は、わかりました。ワインには必ず、鉄分が含まれています。それが、多いか少ないかの違いです。白ワインより赤ワインの方が、多く含まれています。しかし、ワインのラベルに鉄分の含有量が書いてある訳でもありません。醸造家の方に、このワインは鉄分の含有量が多いですかと聞いても、詳しく調べてみないとわかりませんと言われます。

　では、どうしたら、ワインの鉄分の含有量がわかるのでしょう。鉄分の含有量の多いワインなのか、少ないワインなのか、調べる手段はないのかと考えました。そして、考えた末、見つけた答えが、官能評価です。生臭くなる素材とワインを食べ合わせるといった行動です。この事を官能評価と言います。

　私は、鉄分の含有量が多い素材を探しました。マグロや、カツオの赤身は、鉄分の含有量が多い事で有名です。しかし、通年、状態が安定していて、素材の良し悪しの差が小さい事、簡単に手に入り、鉄分の含有量の多い素材。それが、煮干しでした。煮干しは、カタクチイワシを干した物。鉄分の含有量は、カツオの約9.5倍となっています。

ワインと煮干しを食べ合わせ、生臭くなるのか、ならないのかを官能評価します。生臭くなれば、ワインの鉄分の含有量が多いと判断します。生臭くならないようであれば、鉄分の含有量が少ないと判断します。その煮干し官能評価をして、鉄分の含有量の少ないワインを見つけ出しました。そしてすしと合わせてみる。ワインの成分からのアプローチで、すしとの相性を探りました。

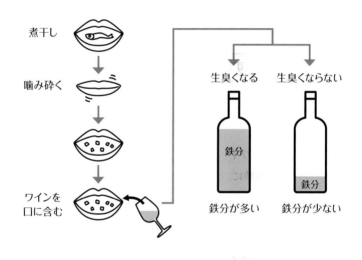

鉄分の含有量の多いすしダネを調べる

　次に、すしダネの成分を調べました。
　食品成分分析表で、生臭くなりやすい、すしダネを探していきます。つまり、鉄分の含有量の多いタネです。鉄分の多い素材として、マグロや、カツオは有名です。マグロや、カツオを食べて、ワインを飲むと生臭くなります。細かく言うと、血生臭く感じるという事です。生臭くなるイコール、すしとワインの相性が悪いと言えます。

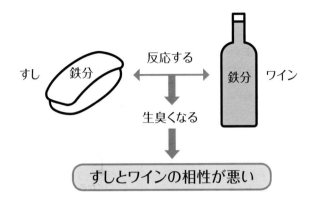

すし　鉄分　　反応する　　鉄分　ワイン

生臭くなる

すしとワインの相性が悪い

　そこで今度は、ワインと合わせても生臭くなりにくい白身魚の代表であるタイを基準に、すしダネの鉄分含有量を計算してみました。

　食品成分分析表の可食部100gあたりの含有量を基準にします。タイの鉄分含有量、生臭み度を1とします。そのタイの生臭み度1を基準に、他の魚介の鉄分含有量がどのくらいあるか比較計算すると、鉄分を含んで生臭く感じる食材、マグロが生臭み度5.5となります。基準のマグロは、本マグロの赤身とします。マグロの生臭み度5.5以上のすしダネは、鉄分を多く含んでいて、生臭くなりやすい食材となります。

　すしダネで、鉄分を多く含む物を並べてみます。表1で挙げた、鉄分の含有量の多いすしタネと、鉄分の含有量の多いワインを合わせてしまうと生臭くなってしまいます。鉄分の含有量の少ないワインを合わせないといけないという事です。特に貝類の鉄分の含有量が多い事がわかります。貝類とワインは相性が悪いと思われているのは、このせいです。

【表1】
すしダネ　鉄分を多く含み生臭くなりやすい物

＊参考までに、すしダネ以外の物

魚	生臭み度
カツオ	9.5
コハダ	9.0
真イワシ	9.0
本マグロ(トロ)	8.0
サンマ	7.0
ブリ	6.5
本マグロ(赤身)	5.5
サバ	5.5
貝類	
赤貝	25.0
ホッキ貝	22.0
ミル貝	16.5
トリ貝	14.5
ハマグリ	10.5
アワビ	7.5
ツブ貝	6.5
アオヤギ	5.5
その他	
イクラ	10.0
アン肝	6.0
乾燥のり	53.5

食材	生臭み度
ひじき	275.0
カタクチイワシ(煮干し)	90.0
カツオ節	27.5
シジミ	26.5
ウナギ肝	23.0
昆布	19.5
アサリ	19.0
ムール貝	17.5
干し桜エビ	16.0
わかめ	13.0
イイダコ	11.0
ホタテ貝ひも	11.0
牡蠣	9.5
トコブシ	9.0
シシャモ	8.0
イカの塩辛	5.5
豚レバー	65.0
鶏レバー	45.0
牛レバー	20.0

　すしの食材ではありませんが、ワインと相性が悪いレバーは、多くの鉄分を持っている事がわかります。この事からも、ワインの鉄分と食材が持っている鉄分が反応する事により生臭くなっている事が裏付けられます。

カズノコが生臭くなる疑問

　ワインに含まれている鉄分と食材が持っている鉄分が反応すると、生臭くなる事はわかりました。

　しかし、疑問となる事が、出て来ました。冒頭でお話した、ワインと合わないカズノコの事です。魚卵のタラコも、しかりです。

生臭くなります。

　魚卵のイクラは鉄分の含有量が多いものの、カズノコとタラコの鉄分の含有量はそれ程多くはありませんでした。鉄分の生臭み度に、当てはめてみます。（表2）

　鉄分を持って生臭く感じる基準値の本マグロ(赤身) 5.5までいかないのです。

　ワインと合わせて生臭くなるのは、確かです。カズノコとワインが相性が悪く、生臭くなる事は有名な話です。ならば、なぜ生臭くなるのか、疑問となりました。そして、カズノコとタラコの食品成分を調べてみました。そうすると、ある事に気付きます。亜鉛の含有量が多いのです。

　食材が持っている亜鉛も、生臭みに関係しているのではないかと、考えるきっかけとなりました。ワインに含まれている鉄分と、食材が持っている亜鉛が反応すると生臭くなるのではないかと。

　すしダネを中心に各食材の亜鉛の含有量を調べました。そうすると、それまでの体験上、生臭くなるすしタネは、亜鉛の含有量が多い事を発見します。それまで、色々なワイン関連の本や雑誌、資料を読んでいましたが、そのような事は書いてありませんでした。

　決定的にする為、健康食品サプリの亜鉛の粉末を集めて、口にしてワインを飲んでみました。白ワイン、赤ワイン、スパークリングワイン、ロゼワイン、どれも、今まで体験した事のない、ひどい違和感を

【表2】

食材	生臭み度	
本マグロ （赤身）	5.5	鉄分を持って生臭く感じる基準値
イクラ	10.0	
カズノコ	2.0	
タラコ	3.0	

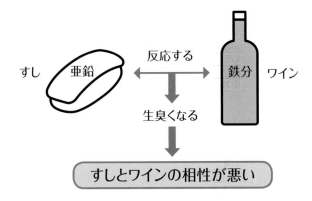

すし　　亜鉛　　　反応する　　　鉄分　ワイン

生臭くなる

すしとワインの相性が悪い

感じました。相性が、すごく悪いのです。食材が持っている亜鉛と、ワインに含まれている鉄分が反応すると生臭くなると確信しました。それで、正月のカズノコの疑問が解消されます。

すしとワインを合わせる上で大切な事に、食材の亜鉛の含有量も関係している事を発見しました。鉄分の含有量の多いワインと、亜鉛の含有量の多い食材を合わせると反応して、生臭くなるという事です。独自で発見した事です。

鉄分と同じ様に、食品成分分析表で、亜鉛の含有量の多いすしダネを探していきます。亜鉛の多い食材、カズノコやタラコは、わかりました。カズノコやタラコを食べて、ワインを飲むと生臭くなります。すなわち、すしとワインの相性が悪いと言えます。

鉄分の時と同様、生臭くなりにくい白身魚の代表、タイを基準に、他のすしダネの亜鉛含有量がどのくらあるか比較計算してみました。食品成分分析表の可食部 100g あたりの含有量を基準にします。

タイの亜鉛含有量、生臭み度を1とします。そのタイの生臭み度1を基準に計算すると、亜鉛を含んで生臭く感じる食材、カズノコが生臭み度 3.25 となります。カズノコの生臭み度 3.25 以上

【表3】
すしダネ　亜鉛を多く含み生臭くなりやすい物

*参考までに、すしダネ以外の物

魚	生臭み度
サヨリ	4.75
貝類	
タイラ貝	10.75
アオヤギ	4.5
ホッキ貝	4.5
ホタテ貝柱	4.5
ハマグリ	4.25
トリ貝	4.0
赤貝	3.75
甲殻類	
毛ガニ	8.25
たらばガニ	8.0
ずわいガニ	6.5
車エビ	3.5
シャコ	8.25
スルメイカ	4.75
スミイカ	3.75
ホタルイカ	3.25
真ダコ	4.0
魚卵系	
イクラ	5.25
カズノコ	3.25
ウニ	5.0
その他	
乾燥のり	9.25

食材	生臭み度
牡蠣	33.0
カタクチイワシ（煮干し）	18.0
干し桜エビ	12.25
渡りガニ	9.25
タラコ	7.75
イイダコ	7.75
カツオ節	7.0
ウナギ蒲焼	6.75
ウナギ肝	6.75
アン肝	5.5
サザエ	5.5
シジミ	5.25
ワカサギ	5.0
ひじき	4.5
シシャモ	4.5
伊勢エビ	4.5
イカの塩辛	4.25
トコブシ	4.0
バイ貝	3.25

のすしダネは、亜鉛を多く含んでいて、生臭くなりやすい食材となります。

　すしダネで、亜鉛を多く含む物を並べてみます（表3）。

　この数値を見てわかるとおり、牡蠣は亜鉛の固まりで魚介類の中で最も亜鉛含有量の多い食材です。貝類とワインは、生臭くなりやすいと、この数値からも、わかります。ですから、貝類には、鉄分の含有量の少ないワインを合わせないと生臭くなってしまうという事です。

　甲殻類も意外と亜鉛の含有量が多く、カニやエビ、イカもワイ

ンを合わせる時に生臭くなりやすい食材と認識しておくと良いでしょう。

　カタクチイワシ（煮干し）の亜鉛の含有量は、牡蠣に次いで多い事がわかります。カズノコの約5.5倍です。鉄分の含有量も多く、亜鉛の含有量も多い煮干しは、ワインに反応して生臭くなりやすいので、官能評価には最適の食材と言えます。そして、煮干し官能評価で、ワインの鉄分が多いのか少ないのかを調べるのです。

　生臭くなりやすい、鉄分の含有量の多いすしダネ、亜鉛の含有量の多いすしダネを表（表4）にしてみたところ、気付くことがあります。

【表4】
鉄分と亜鉛、両方を多く含み生臭くなりやすい物

すしダネ	生臭み度		
	合計	鉄分	亜鉛
乾燥のり	62.75	53.5	9.25
牡蠣	42.5	9.5	33.0
赤貝	28.75	25.0	3.75
ホッキ貝	26.5	22.0	4.5
トリ貝	18.5	14.5	4.0
イクラ	15.25	10.0	5.25
ハマグリ	14.75	10.5	4.25
アン肝	11.5	6.0	5.5
アオヤギ	10.0	5.5	4.5

＊参考までに、すしダネ以外の物

	生臭み度		
	合計	鉄分	亜鉛
ひじき	279.5	275.0	4.5
カタクチイワシ（煮干し）	108.0	90.0	18.0
カツオ節	34.5	27.5	7.0
シジミ	31.75	26.5	5.25
ウナギ肝	29.75	23.0	6.75
干し桜エビ	28.25	16.0	12.25
イイダコ	18.75	11.0	7.75
ホタテ貝ひも	17.75	11.0	6.75
トコブシ	13.0	4.0	9.0
シシャモ	12.5	8.0	4.5
イカの塩辛	9.75	4.25	5.5

鉄分と亜鉛、両方とも、多く持っているすしダネがある事です。両方持っているという事は、すごく生臭くなりやすいすしダネと言えます。

　煮干し官能評価で、使用する煮干しは、ひじきに次いで、生臭み度が高い事がわかります。これら鉄分と亜鉛、両方とも、多く持っている食材は、ワインを合わせる時、特に注意しなければいけない食材です。

酸化した脂分も生臭さの一因

　すし職人が、よく言っている事があります。

　「光物は鮮度が命。おろしてから時間が経てば、魚が持っている脂分が酸化して生臭くなる。その日の内に、提供しないとだめ」

　この言葉を聞いて、思った事があります。光物の魚、アジやイワシや、サンマなどは、脂分が酸化して生臭くなりやすい。ワインと合わせると生臭くなりやすいのではと。

　お持ち帰りのすしを食べて、ワインを飲むと生臭く感じる割合が高くなります。これは、時間が経って、すしダネの脂分の酸化が進んでいるからです。つまり、鮮度が悪くなっているという事です。

　しかし、鉄分の含有量の少ないワインを合わせると生臭くなりません。この事からも、酸化した脂分も、ワインに含まれている鉄分に反応すると生臭くなる事がわかりま

【表5】
脂分が酸化すると生臭くなりやすい物

すしダネ	可食部100gに対して脂質の量(g)
アジ	3.5
コハダ	10.0
サバ	12.0
イワシ	14.0
サンマ	24.5
穴子	9.0
イクラ	15.5
アン肝	42.0

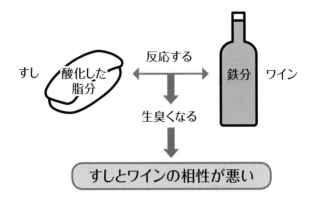

した。

　光物の魚、脂分が酸化して生臭くなりやすいすしダネ(表5)は、鮮度がいい内に食べる事をおすすめします。そして、鮮度がいいかわからない場合や、時間が経ってしまっているお持ち帰りのすしとワインを合わせる時は、鉄分の含有量の少ないワインを飲む事をおすすめします。

ワインは、本当にすしの繊細な味わいを消してしまうのか？

　すしの味わいを26 ～ 27ページの表(表6)にしてみました。人が食べて、濃さと感じる脂分の量を基準としています。可食部100gあたりの脂分の量と、すしに使用する調味料、薬味、提供方法を考慮して、軽い味わい(0)から、中程度(15)、重い味わい(30)まで、すしダネを表に落としていきます。

　この表を見て、すしダネは、脂分の量が少ない軽い味わいのタネが多い事がわかります。白身、イカ、タコ、エビ、カニ、貝類と軽い味わいに集中しています。

軽い味わいから、中程度の味わいの中に、鯛類や脂が乗った
ヒラマサやカンパチ、イサキ、光物や本マグロの赤身、ウニが位
置します。

　中程度の味わいには、脂が乗って、あぶると美味しいノドグロ
やブリ、脂質の多いイクラや穴子。中程度の味わいから、重い
味わいの中に、サンマや本マグロの中トロ。そして重い味わいに
本マグロの大トロ、ネギトロが位置しています。

　中程度の味わいから、重い味わいまでに、数品のすしダネしか
ない事も、一目瞭然で、すしダネは、繊細で軽い味わいの物が
多い事が、この表からわかります。

　そして、その各すしダネに合うワインを品種とタイプ別に、右
に並べています。そのワインの範囲内に入っているすしダネ
は、合わせる事が可能で、範囲外は、すしダネの方が重い味わ
いで、ワインの味わいが消えてしまう場合と、ワインの方が重い
味わいで、すしダネの味わいが消えてしまう場合の、ふたつのパ
ターンがあります。

　ワインの味わいを消してしまう程の重い味わいのすしダネは、本
マグロの大トロとネギトロだけですが、すしダネの味わいを消して
しまう範囲の中には、多数のすしダネが入っています。その事か
らも、やはり、すしの繊細な味わいを消してしまうワインは、多い
と言う事が出来ます。

　ならば、どうすればいいのか。

　①すしにワインを合わせて楽しむには、出来るだけライトボディの
　ワインを選ぶ。

　②赤ワインよりは、白ワインを選ぶ。

　③赤ワインを合わせる時は、フルボディよりミディアムボディ。ミ
　ディアムボディよりライトボディを選ぶ。

【表6】

すしの味わい		白身	光物	赤身	イカ・タコ	エビ・カニ	貝・その他
重い	28			本マグロ			
	27			(大トロ)			
	26			ネギトロ			
	25						
	24						
	23						
	22		サンマ	本マグロ			
	21			(中トロ)			
	20						
	19						
	18						
	17	ブリ					
	16						イクラ
中程度	15	ノドグロ					穴子
	14		イワシ				
	13						
	12		サバ				
	11						
	10		コハダ				
	9	キンメダイ		サーモン			
	8			戻りガツオ			
	7			赤身ヅケ			ウニ
	6	マダイ・イサキ					
	5	カスゴダイ・カンパチ・ヒラマサ		本マグロ(赤身)			
	4	スズキ・シマアジ・ヒラメえんがわ	アジ				数の子
	3	アイナメ・メバル・カレイえんがわ			ホタルイカ	シャコ	バイ貝・ホッキ貝・乾燥のり
	2	ヒラメ		初カツオ	シロイカ・スルメイカ	車エビ	赤貝・ハマグリ・アワビ
	1	カレイ・白魚	サヨリ		アオリイカ・マダコ	ずわいガニ	タイラ貝・アオヤギ・本ミル貝
軽い	0	キス・カワハギ・フグ			スミイカ	甘エビ	ホタテ・ツブ貝・トリ貝

【表6】

すしの味わい	相性のよいワイン						
	ライトボディの白ワイン①	ライトボディの白ワイン②	ミディアムボディの白ワイン	フルボディの白ワイン	ライトボディの赤ワイン	ミディアムボディの赤ワイン	フルボディの赤ワイン
重い 28						樽熟ピノ・ノワール	樽熟カベルネ・ソーヴィニヨン渋み強
27						カベルネ・ソーヴィニヨン	
26	※ワインの味わいを消してしまう範囲						樽熟メルロー渋み強
25						メルロー	ジンファンデル
24						シラー	カベルネ・フラン
23						グルナッシュ	ネッビオーロ
22							ムールヴェドル
21							マルベック
20						カリニャン	
19						テンプラニーリョ	
18						サンジョベーゼ	
17						モンテプルチアーノ	
16							
中程度 15						バルベーラ	
14	アルバリーニョ	ソーヴィニヨン・ブラン	若飲みシャルドネ	樽熟シャルドネ	若飲みピノ・ノワール		
13	ライトボディ・スパークリング	ピノ・グリ	セミヨン	樽熟ソーヴィニヨン・ブラン			
12		グリューナー・ヴェルトリーナ	ケルナー				
11	ミュスカデ	ロゼワイン	フルボディ・スパークリング	リースリング		マスカットベリーA	
10	トレッビアーノ	アリゴテ		シュナン・ブラン			
9	ガルガネーガ	シルヴァネル	シャンパーニュ	ヴィオニエ	ガメイ		
8	甲州			樽熟シャンパーニュ			
7	フルミント			ゲヴュルツトラミネル			
6	ミュスカ						
5	デラウェア						
4							
3							
2							
1							
軽い 0							

＊すしの味わいを消してしまう範囲

自由に好みのタイプのワインと
すしを合わせて楽しむには？

　しかし、鮨店で 2010 年から働いていて、思う事は、赤ワイン好きなお客様が多い事です。しかも、フルボディの赤ワインを好むお客様が多く、すしと合わせて楽しまれています。前ページのような制限をしてしまうと、自分好みのタイプのワインを合わせる事が出来なくなり、すしとワインを楽しむ事が半減してしまいます。

　その場合は、

①すしダネを消してしまう程のワインを合わせて楽しむ時には、まず第一に、鉄分の含有量の少ないワインにします。好きなタイプのワインと合わせて、生臭くなってしまったら意味がありません。鉄分の含有量が少なく生臭くならない、好きなタイプのワインを選びます。

②すしダネを消してしまう程のワインを合わせて楽しむ時には、すしを食べ切ってから、ワインを口にします。

　一カンすしを口にして食べ切り、そのすしの余韻がなくなるまで、ワインを口にする事は、待ちます。完全にすしの余韻がなくなってから、好きなタイプのワインを楽しんで下さい。それであれば、すしの味わいが、ワインの味わいで消えてしまう事を避ける事が出来ます。すしとワインを一緒に口にしないという方法です。フルボディの赤ワインでも楽しめますので、おすすめです。

なぜ日本酒や焼酎やビールは、すしと合うのか

　ここでワインの話から少し外れますが、日本酒や焼酎、ビールは、なぜすしと合うのかを、解説しましょう。先に述べた鉄分の含有量から考えると、よく分かると思います。

日本酒に含まれる鉄分の含有量を調べると、鉄分の含有量が少ないからです。ワインの約３分の１の量です。焼酎に関しては、限りなく０に近い量となります。ビールの鉄分の含有量も、日本酒同様、ワインの約３分の１です。

　日本酒や焼酎やビールは、鉄分が少ない酒である為、すしと合わせても生臭くならず、すしと合うと言えます。

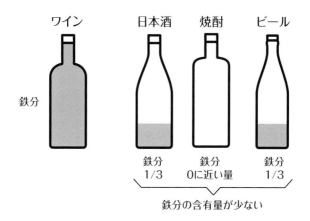

ブドウの鉄分と土壌の関係

　少し難しい話かもしれませんが、大切な話なので、簡単に説明したいと思います。

　ブドウが成長するにあたり、必要な栄養素として鉄分が必要だという事は、お話ししました。土壌の中の鉄分は、酸性の土壌だと、植物は吸収しやすいという事がわかっています。たいていの土壌は、通常十分な鉄分を含んでいます。

　しかし植物にとって重要なのは、吸収可能な状態かどうかです。土壌が湿っていて、酸性土壌だと、植物は鉄分を吸収しやすい

状態になります。

　逆に、アルカリ性土壌（石灰質土壌）では、植物が鉄分を吸収しづらくなり、鉄分の含有量の少ないワインが出来るという事です。

アルカリ性土壌で有名な土地は、

・シャンパーニュ

・ロワール　トゥレーヌ

・シャブリ

・ブルゴーニュ

・アントル　ドゥ　メール

・サンテミリオン衛生地区

・スペイン　ヘレス

・イタリア　ウンブリア州

・ドイツ　フランケン

が上げられます。これらの土地は、鉄分の含有量が少ないワインが出来る可能性が高いと言えます。

　しかし、土壌とは、様々な要素が混合されています。これらの土地は、鉄分の含有量が少ないワインが出来る可能性が高いとはいえ、その中でも、条件が変わって、鉄分の含有量の多いワインもあったりします。

　酸性土壌だからといって、鉄分の含有量の多いワインばかりでもありません。土壌深くが石灰質土壌であったり、酸性土壌とアルカリ性土壌が混ざっていたりもします。酸性土壌に石灰を撒いて、アルカリ性土壌にする栽培家やワインメーカーもあります。

　ですから、最終的に出来上がったワインを煮干し官能評価をして、鉄分の含有量が多いワインなのか、鉄分の含有量の少ないワインなのか、判断する事が大切となってきます。

第3章

すし・和食とワインの
相性を考える

すし・和食との相性を考えて、
ワインの特徴を見る

　すしとワインの相性、合わせ方に関して、科学的に詳しく解説してきました。そのすしと、すし以外の和食を全体的に見て、ワインとの相性はどうなのか。すし・和食との相性を考えて、ワインの特徴を見ていきます。

ワインの鉄分の含有量

　100gあたり、白ワインは平均0.3mg、ロゼワインと赤ワインは平均0.4mgの鉄分を含んでいます。白ワインより、ロゼワイン、赤ワインの方が、生魚と合わせたときに生臭くなりやすいという事です。

　この数値が多いのか少ないのかと言いますと、生臭くならない日本酒の鉄分含有量は、100gあたり平均0.1mgですので、日本酒を基準にしますと、ワインは多いと言える事がわかります。

　ちなみに石灰質土壌のフランスのシャンパーニュ地方で造られた、「ニコラ・フィアット」というメーカーのシャンパンは食品分析所で調べたところ、100gあたり、0.1mg未満という数値が出ました。ということは、日本酒の鉄分含有量と同じ数値となるので、生臭くなりません。

　白ワイン、ロゼワイン、赤ワインの鉄分含有量の平均値より少ないワインを見つければ、生臭くなりやすい食材（鉄分・亜鉛・酸化した脂分を含んでいる物）と合わせても、生臭くなりにくいワインとなります。前述した「煮干し官能評価」を是非試してみて下さい。

　和食は、魚介類を多く使用するのが特徴です。特にすしや刺身は生のまま提供するスタイルですから、生臭くなりやすいという事

です。

　そこで前述しましたように、魚介類を多用する和食には、鉄分の少ないワインを選ばなければ、生臭くなってしまいます。酸化した脂分は熱を加えることにより外へと流れ出ることがありますが、食材に含まれている鉄分、亜鉛は熱を加えても減ることはありません。和食にワインを合わせて、生臭くなってしまっては意味がありませんので、鉄分の少ないワインを合わせることが重要になります。

和食の繊細な味わいを消さない味わいのワイン

　人が食べて、食べ物の濃さやコクと感じるのは、脂分です。その脂分の量を基準にすると、動物性脂肪の食材を用いる洋食系の料理に比べると、すし・和食は軽い味わいの領域に入る物が多くなります。そのことからも、繊細な軽い味わいを消さない酒を選ぶ事が大切となります。繊細な味わいのすし・和食には、アルコール度数が低く、苦味や甘味が少ない、スッキリとしたワインが、相性が良いと言えます。

　ワインの平均的なアルコール度数は 12% 〜 14% です。低い物で 7%、高い物で 15%とありますが、日本酒と同じ位のアルコール度数ですので、スピリッツやウイスキーなどの蒸留酒などを含めた全体的な酒の中では、アルコール度数の低い分類に入ります。ワインもアルコール度数が低いので、和食の味わいを消さない酒と言えます。

　しかし渋味が強い赤ワインや、非常に甘いワインがありますので、そのようなワインは、和食と合わせるのは、あまりおすすめではありません。

　渋味が強い赤ワインや、非常に甘いワインがお好きな人で、和食に合わせたいということでしたら、一口食べ切った後、料理の

余韻も楽しんだ後、口の中に何もなくなってから、それらのワインを飲んで楽しむ事をおすすめします。

和食と同調性があるワイン

　料理とドリンクのペアリングを考える上で同調性というものが重要になります。そこで和食とワインの同調性を見ていきます。

　ワインと和食の同調性があるという事は、ワインが持っている特徴と和食が持っている特徴が共通しているという事です。

　和食は魚介類を使用する物が多いので、その魚介類が持つミネラル分とワインのミネラル感は同調します。

　和食は香り付けや、風味付けに柑橘類を使用する事も特徴です。スダチ・カボス・ユズなどを多用します。その香り付けや、風味付けに使用した柑橘類の香りとワインが持つレモンやライムの柑橘系の香りと同調します。

　和食に欠かせない薬味のワサビ、ショウガ、ネギがあります。ワサビ、ネギは、新緑を連想させる、爽やかなグリーン感があります。若草やハーブ、そしてスパイシーなスパイスを連想させます。ワインにも、新緑、若草、ハーブやスパイスの香りがある物がありますので、同調します。

ワサビとワインの相性

　ここまでは、すし・日本料理の特性である生の魚介を使う事の多い料理に合わせるワインとのペアリング法について解説してきました。しかしすし・和食の特徴は、魚介だけではありません。薬味や調味料にも、他国の料理にない個性があります。そうした薬味や調味料とワインとの相性も考えてみました。

　まず、すしや刺身に用いられる薬味として、ワサビがあります。

ワサビは、日本原産の数少ない野菜の一つです。ワサビの存在
があってこそ、すしが出来上がっていると言っていいと思います。
　ワサビの成分には、殺菌効果や、菌が繁殖しやすい魚介類の
菌の増殖抑制効果があります。ワサビと同様に、白ワインにも殺
菌効果や菌の増殖抑制効果がありますので、すしに白ワインとい
う組み合わせは、効果的と言えます。
　ワサビには、更に生臭さを消したり、食材の持つ味を引き立て
るという、ワインの相性には、とても効果的な薬味です。試しに、
ワサビなしのすしと、ワサビありのすしを両方、同じワインに合わ
せて、官能評価すると、ワサビなしのすしは、ワサビありのすしよ
り生臭く感じます。
　そしてワサビなしのすしは、すしダネの味わいが、ぼやけて感じ
ます。ワサビありのすしは、すしダネの味わいの輪郭をハッキリと
させる効果があります。香りに関しても、ワサビは新緑を連想させ
る、さわやかなグリーン感があります。若草やハーブ、そしてスパ
イシーなスパイスを連想させます。
　ワサビには、甘い香りがあるのも特徴です。グリーン感やスパ
イシー感が前面にあるので、わかりにくいかもしれませんが、そ
の甘い香りが、ワサビの香りに深みを与えています。ワインに同調
する要素の香り、新緑、若草、ハーブやスパイスがあります。
　白ワインなら、若草やハーブの香りを持つソーヴィニヨンブラン。
赤ワインなら、スパイシーな香りを持つシラーやグルナッシュ等、
相性のいいワインを上げる事が出来ます。
　いいワサビは、ワサビだけ口にしても、味わいがあり、ワインの
つまみにもなります。

ガリとワインの相性

　すしには、なくてはならない付け合せのガリについても、お話します。ガリは、ショウガと酢と砂糖、塩で作ります。ガリの名前の由来は、食べる時に、「ガリッ」と音がするからと言われています。元々、ショウガのかたまりを、かじっていたと言う話です。

　なぜ、すしにショウガのガリを食べるかというと、一番の理由は、魚介類の生臭みを消す効果があるからです。口の中をリセットして、また新たなすしの味わいを楽しむ為の物として、付け合せとなっています。

　そして、ショウガの成分である「ジンゲロール」は、健胃作用、発汗作用があるので、身体に良い食材として知られています。

　英語でガリは、「ジンジャーピクルス」と言います。野菜のピクルスは、ワインとよく合わせる一品です。ガリをつまみに、ワインを飲んで、楽しんでいるお客様が多くいらっしゃいます。ガリの構成の中で、ワインとの相性の悪い成分は、ひとつもありません。ショウガに、鉄分と亜鉛も含まれていますが、ゼロの値に近い含有量です。

　酢に関しては、前にもお話しましたように、酢には、ワインと同じ成分のリンゴ酸、乳酸、コハク酸、アミノ酸を含んでおりますので、酢とワインは同調性が強くなっています。砂糖により味の幅を広げ、塩でショウガの味を引き出します。

　すしとワインの相性において、大事なのは、生臭くならない事です。ワインとの相性で邪魔をする成分が、ひとつもないという点、そして魚介類の生臭みを消す効果を持つガリは、頼もしい相棒と言えると思います。すしとガリも、ワインと一緒に楽しむ事が出来ます。

　瓶熟成のワインであれば、ヴィンテージ・シャンパンや樽熟の

白ワインが、熟成により、ショウガの香りを持つようになります。その熟成によるショウガの香りと、和食に使用するショウガの香りが同調します。

　赤ワインなら、スパイシーな香りを持つシラーやグルナッシュなどのブドウで造られるワインで、同調する物をあげる事が出来ます。

和食の出汁とワインとの相性

　和食文化は、出汁文化です。和食の旨味は、主に次の4つの出汁で代表されます。

①カツオ出汁→イノシン酸

②昆布出汁→グルタミン酸

③干しシイタケ出汁→グアニル酸

④貝類の出汁→コハク酸

　これらの旨味成分（アミノ酸）は、酒とのペアリングを高める上で重要なキーとなります。

　ワインの成分には、旨味成分のコハク酸がありますので、これらの和食の旨味成分と相性が良くなります。特に貝類の出汁は好相性です。

　和食の旨味成分であるアミノ酸と、ワインの旨味成分であるアミノ酸が同調するということです。

　ワインの発酵後、醸造過程で、ワインと澱とを、あえて接触させることがあります。澱とは酵母が役目を終えて、固形物となって沈殿する物です。時間が経つと、その澱の中から、旨味成分であるアミノ酸がワインの中に溶け出していきます。あえてワインと澱との接触で、旨味成分を増やしているのです。シュール・リーという製法です。その旨味成分のアミノ酸と、和食の旨味成分のアミノ酸も同調し、相乗効果で旨味が増加します。

次に解説するのが、和食調理で中心となる発酵食品の、醤油、みりん、日本酒、酢、味噌と、ワインとの同調性です。

和食の調味料とワインの相性

醤油

　和食を代表する調味料は、醤油といっていいでしょう。醤油は、大豆、小麦、塩、麹で造られます。和食の基本の調味料です。すしはもちろん、和食にとって醤油は、なくてはならない物。すしではタネとすし飯を一体化させ、すしというひとつの料理を完成させる、大切なつなぎ役です。

　醤油とワインは、合わないと言う人もいます。醤油の味わいの方が強く感じる為、ワインの味を損ねてしまうといった意見が多いと思います。

　しかし醤油は、ワインと同じ発酵食品です。同調するアミノ酸も豊富に含みます。そして、大豆由来のメチオノールによる消臭作用も持っています。魚の生臭みを消すといった作用です。

　和食にとって、なくてはならない調味料の醤油です。色々なタイプの醤油がありますが、共通する基本的な醤油の香りや風味を上げますと、

・砂糖を焦がして作るカラメルのような焦げたような香りや風味（カラメル香、スモーク香）
・乳酸発酵から来る香りの乳酸系の香りや風味（バター、チーズ、クリーム）
・酸化熟成から来る熟成した香りや風味（腐葉土、干しブドウ）
　これらの香りや風味が複雑に混在しています。

　これらの香りや風味と、共通する香りや風味を持つワインを合わせれば、同調すると言えます。

長期熟成の白ワインやシャンパンには、カラメル香、スモーク香、バターやクリーム、甘草などの香りや風味がありますので、醤油の基本的な香りや風味に同調します。

　赤ワインでも、同調する香りや風味があります。樽を使用して熟成してきた赤ワインには、カラメル香、スモーク香、バター、チーズ、クリーム、腐葉土、干しブドウと全ての香りや風味がある物がありますので、醤油との同調性が高くなります。ピノ・ノワールの熟成した物や、古樽を使用したスペインワインなどおすすめです。

　なお、私が8年間働いていたすし店では、合わせる出汁を変えて、2種類の煮切り醤油(出汁醤油)を作っています。植物性の昆布醤油と、動物性のカツオ醤油です。

　温度も気を使っています。常温の煮切り醤油と冷たい煮切り醤油。植物性の昆布醤油は、淡白な味わいのタネに塗ります。白身魚や貝、イカ、エビなど、脂分が少ないすしダネです。動物性のカツオ醤油は、味わいがあり、脂分が多いタネに塗ります。脂分が多い赤身やブリ、光物などのすしダネです。

　昆布出汁やカツオ出汁と合わせる煮切り醤油は、生醤油(きじょうゆ)の尖っていた味わいの角を取り、まろやかにします。そして、旨味成分のアミノ酸を増加させ、包容力を強くします。煮切り醤油は、すしとワインの相性を良くする、つなぎ役となります。

　生醤油より、出汁醤油である煮切り醤油。煮切り醤油より、ワインとの同調性がある柑橘類を足したポン酢醤油の方が、すしとワインの相性を良くします。

　ポン酢醤油ですしを食べる人は少ないですが、白身魚やイカ、タコ、白い色の貝、エビやカニなど、淡白なものに用いますし、和食では鍋をはじめ様々な料理にも用いますので、その場合、ワインとの相性を良くします。

まとめると、右の図になります。

上にいく程、ワインとの相性が良い醤油となります。

家庭では、煮切り醤油は作りませんから、出来た物を買う事をおすすめします。今、スーパーマーケットで、出汁醤油や出汁ポン酢で、いい物が売っています。ぜひ、ご家庭ですしを食べる時、購入して、試してみて下さい。新しい美味しさと、ワインとの相性の良さを感じると思います。

ポン酢醤油
▲
煮切り醤油
（出汁醤油）
▲
生醤油（きじょうゆ）

みりん

みりんは、もち米、米麹、焼酎が原料で、米麹の働きにより、もち米、米麹自体のでんぷんが、糖に分解され、上品な甘さを持つ調味料です。旨味成分であるアミノ酸も持つので、ワインのアミノ酸とも同調します。

日本酒

日本酒も、和食には欠かせない調味料となります。醤油、みりん、日本酒で照り焼きのたれを作ったり、すき焼きや牛丼の「割りした」にされたりと、幅広く使用されます。当然、日本酒は、ワインと同じ発酵させて造る醸造酒である為、共通する要素の香りや風味、そして旨味成分のアミノ酸が同調します。

米酢

和食には、米酢が多く使われます。酢も発酵食品である為、ワインと共通する要素を多く持ちます。酢は、後の「すし飯」のところで紹介しましょう。

味噌

　味噌は原料になる大豆、米、麦を地方によってブレンドを変えて、塩を加えて、米麹や麦麹で発酵させた調味料です。ワインと同じ発酵食品である為、ワインとの相性が良いと言えます。

　味噌の色の違い、濃淡の差が出るのは、発酵熟成中に起こるメイラード反応が原因となります。メイラード反応とは、原料である大豆などのアミノ酸が、糖と反応して褐色化していくことです。時間が経てば経つほど、熟成が進んで、色が濃くなっていきます。醤油も同じ変化をしていきます。

　味噌も醤油と同様、ワインと共通する香り、風味を持ちます。

・砂糖を焦がして作るカラメルのような焦げたような香りや風味
　（カラメル香、スモーク香）

・乳酸発酵から来る香りの乳酸系の香りや風味（バター、チーズ、
　クリーム）

・酸化熟成から来る熟成した香りや風味（腐葉土、干しブドウ）
　これらの香りや風味が複雑に混在しています。

　醤油と同じ要素で、醤油に相性の良いワインが合うと言えます。

　以上、和食に使用する調味料は、ワインとの相性が良い事がお分かりになったと思います。和食とワインのペアリングの幅は広いので、色々な和食とワインをお楽しみ下さい。

海苔

　この項目の最後に、海苔は調味料ではありませんが、和食によく使用する食材ですので、海苔とワインの相性の解説もしておきます。海苔は、巻物のすしや、軍艦のすし、和食にも使用する、なくてはならない和食の食材です。

　一見、ワインの相性を悪くするようには思えないのですが、海苔は生臭くなりやすい鉄分をカツオの約5.6倍、亜鉛はカズノコ

47

の約 2.8 倍も持っています。ですから巻物のすしや、軍艦のすし、海苔を使用する和食には、鉄分の少ないワインを合わせる事が大切になってきます。

ご飯・すし飯とワインの相性

　ご飯(米)は、日本の食文化を支えている物といえるでしょう。しかしワインと合わせると、一般的には、ご飯(米)とワインの相性は悪いと思われています。それは何故かと考えてみると、ご飯とワインを一緒に口にした時の、イメージが悪いからだと思います。イメージが先行していて、今まで科学的根拠が、ありませんでした。

　米の食品成分を調べてみると、意外と鉄分と亜鉛の含有量が多いとわかります。ホタルイカの鉄分と亜鉛の含有量と、ほぼ同じです。鉄分の多いワインと合わせると、生臭く感じる事はないものの、苦く感じます。苦く感じるという事は、相性が悪いと捉えます。ご飯(米)とワインの相性が悪い原因は、米の鉄分と亜鉛の含有量であると考えられます。

　すし飯の場合は、ご飯と米酢と塩、砂糖と昆布出汁で、構成されています。苦く感じるご飯を中和させるのが、まず米酢です。米酢は、ワインと同じ発酵食品です。ワインと同じ酸のリンゴ酸、乳酸、コハク酸、アミノ酸を持っていて、ワインとの同調性が強いと言えます。

　そして、塩は米の旨味成分と、すしダネの魚貝類の旨味成分を引き出します。砂糖は味の幅を広げ、昆布出汁はアミノ酸などの旨味成分を増加させます。

　色々な要素を持っているすし飯は、ひとつの料理と言ってもいいぐらいです。そして、すしダネとすし飯を合わせる事により、すしという、ひとつの料理が、完成されます。苦く感じるご飯を中和して、

旨味成分を多く持ち、包み込む要素を持っているすし飯は、ワインとの距離を近くします。

　ワインとの距離が近くなったすしなのに、鉄分の含有量の多いワインを合わせ、生臭く、苦くさせては意味がありません。

　ポイントは、やはり鉄分の含有量の少ないワインを合わせる事です。

ワインのマスキング効果（生臭みを包む効果）

　第1章の14ページで、すし・和食の繊細な味わいを消さないように軽い味わい、アルコール度数が低いドリンクを選ぶことが大切だと言いましたが、逆にアルコール度数の高さを活用して、生臭みをマスキングするという事も出来ます。この場合、アルコール度数の「高さ」とは、ウイスキーほどもある高さではありません。アルコール度数20％までが限度です。

　ワインは平均のアルコール度数12％〜14％より高いアルコール度数のワインを選べば、すし・和食が持つ生臭みをマスキングする事が出来ます。

　アルコールの効果以外ではワインにはアミノ酸を多く含んだ物がありますので、そのようなワインを合わせても、マスキング効果が高まります。

　ミネラル分が高いワインも同じです。ミネラル分が高ければ、まったりと濃く感じますので、生臭みを包む事が出来ます。

　コクのある味わいのワインも生臭みをマスキング出来ます。しかし繊細な味わいのすし・和食を消さないように注意しながら選ぶ事が大切になります。

　これから、和食を具体的に上げて、相性を解説していきます。ワインにもタイプがあります。軽い味わいのライトなタイプから、

濃い味わいのフルボディのタイプまでを 6 種類に分類して、相性の良い和食を紹介します。まず白ワインについて。

ライトボディの白ワインとおすすめの和食

　ライトボディの白ワインの特徴は、軽い味わいで、フレッシュな柑橘系の香り、レモンやライム、グレープフルーツ、青リンゴやリンゴの香りがあります。ブドウの品種によっては、青草や若草、ハーブの香りも持つ物もあります。

　代表的な品種を挙げますと、日本を代表する品種、甲州やデラウェア。メジャー品種のソービニヨン・ブランやピノ・グリ。アルバリーニョ、ガルガネーガ、トレッビアーノ、ミュスカデなどが挙げられます。

　33 ページに掲載している、すしの味わい表の右側に相性の良いワインとしてタイプ別で品種名を詳しく表記していますので参考にして下さい。

　フレッシュ＆フルーティーで、清涼感があり、軽快な口当たり。切れ味が良く、軽いスッキリとした味わいが特徴と言えます。軽い味わいのワインですので、すしや刺身ですと、軽い味わいのヒラメやカレイ、カワハギ、真ダイなどの白身魚。淡泊な味わいのイカやタコ、エビやカニ、ツブ貝やトリ貝、ホタテなどの貝類と相性が良いタイプです。

　しかも、柑橘系の香り、レモンやライムの香りがあるライトボディの白ワインですので、すしや刺身にスダチを掛けたり、ユズ皮を振ったりすると、なお相性が良くなります。

　なお、魚の生臭みは、以下のような調理法によって取り除く、あるいは軽減することも可能です。こうした調理法を活用したほうがワインとの相性は良くなります。

- 霜降りにする調理方法です。魚を煮物や蒸し物、汁物、鍋物などにする場合、熱湯にくぐらせることで生臭みを落とします。
- 塩で生臭みを取る調理方法です。焼き魚や酢じめにする場合は塩をして、水分と一緒に生臭みを抜きます。
- 魚の生臭みは皮の下にあると言われ、魚の皮をあぶるだけでも生臭みは軽減され、香ばしさもプラスされ、ワインとの相性を良くします。
- 魚を酢じめにする調理法です。酢じめにする前に、まず塩でしめる事がポイントです。塩でしめて生臭みを取り、その後に酢じめにして素材の旨味を増します。
- 昆布じめの調理方法です。昆布で挟むことで昆布の旨味と昆布の風味を魚に移します。昆布の風味が魚の生臭みを軽減させます。

生ガキのポン酢醤油

　生ガキはワインを合わせると生臭くなりやすい亜鉛を、非常に多く持つ食材です。しかし、鉄分の少ないワインを合わせれば、生臭くなりません。

　昔から「生ガキにはシャブリ」といった定説があります。シャブリとは地方の名前です。シャブリ地方は石灰質の土壌で有名です。石灰質土壌はアルカリ性の土壌ですので、鉄分の少ないワインが出来ます。よって亜鉛を非常に多く持ち生臭くなりやすい生ガキに、鉄分が少なく生臭くならないシャブリのワインを合わせる事は、理にかなっているのです。

　ポン酢醤油は、ユズやレモンと酢、醤油、日本酒、みりん、出汁で作りますので、ユズやレモンの柑橘類の香りと、ワインのレモンやライムの香りが同調します。酢の成分と酸味、ワインの成分と酸味も同調します。醤油、日本酒、みりん、出汁の旨味成分の

アミノ酸とワインの旨味成分のアミノ酸も同調して相性を良くします。

　生ガキは、塩味を持っていますので、レモンだけ絞って食べても、ライトボディの白ワインと相性が良いと言えます。

タイのちり蒸し

　「ちり蒸し」とは白身魚や貝類、野菜などを昆布と日本酒で蒸し上げ、さっぱりとポン酢醤油で頂く和食です。やはり淡泊な味わいに相性が良いのは、ライトボディの白ワインとなります。

　さわやかなポン酢の酸味と、ワインのすっきりとした酸味が同調します。使用する日本酒とポン酢醤油のアミノ酸と、ワインのアミノ酸が同調して相性を良くします。

茶碗蒸し

　出汁の味わいと、卵のツルッとした食感を楽む和食。味わいも繊細ですので、ライトボディの白ワインを合わせます。付け合わせに使用する三つ葉の新緑の香りが、ライトボディの白ワインの特徴である青草や若草の香りと同調。ユズ皮を散らすことにより、ワインの柑橘系の香りと同調します。

湯葉とかぶ、タケノコの含め煮

　湯葉、カブ、タケノコとやさしい味わいの3種類を合わせた料理です。出汁、醤油、みりんの煮汁で煮ます。タケノコのやわら

かい甘味と、ほのかに感じる苦
味が特徴です。

　繊細な味わいの料理ですので、
ライトボディの白ワインが、相性
が良くなります。インゲンを添え
ると、インゲンの新緑の香りが、
ライトボディの白ワインが持つ青草や若草の香りと同調して相性を
良くします。ソーヴィニヨン・ブランがおすすめです。

▎すし・和食におすすめのライトボディの白ワイン

　すし・和食に合う基準をクリアしたワイン、実際にすし店や和
食店で提供して、実績のあるワインです。おすすめのワインで紹
介しても、入手困難であったりしては意味がありませんので、通
販やワインショップ、百貨店、酒販店において手に入れられる物
を選んでいます。

1.鉄分の含有量の少ないワインで、すし・和食と合わせて生臭く
　ならないワイン

　20ページで説明しました「煮干し官能評価」をクリアしたワイン

2.すし・和食に同調する要素を持つワイン

　柑橘系の香り、薬味に使用するネギやショウガ、ワサビなど
に同調するハーブやスパイシーな香り、あぶりや焼き物にスモー
キーな香り、塩味、海に由来するミネラル感、まろやかな口当たり、
なめらかな口当たりを持つワイン

　3.すし店、和食店で実際、提供して、お客様の評価の高い実
績のあるワイン

　これらをクリアしたワインです。

ルバイヤート　甲州シュール・リー

[山梨　丸藤葡萄酒工業]

　創業以来、自家農園で栽培したブドウで、ワインを醸すことに、誇りをもっているルバイヤート。すしや刺身などの和食全般との相性を意識して造っています。グレープフルーツの柑橘系の香り、ジューシーなリンゴを想像させるワインです。

グレイス甲州

[山梨　中央葡萄酒]

　世界に通用する銘醸ワインを目指して、日本固有の甲州種の可能性を信じ、世界に発信するグレイスワイン。絹のような口当たり、キレイな柑橘系の香りが特徴です。「すしには甲州」言える程、甲州種は生臭くならず、すしとの相性のいいワインです。

熊本ワイン　デラウェア

[熊本　熊本ワインファーム]

　世界に通じる、愛されるワインを造り続けたい言う理念の熊本ワイン。果実味豊かな、フルーティーなワインです。ワインが苦手という方でも、入門編としておすすめです。

ドメーヌ　ミショー　トゥレーヌ
ソーヴィニヨン・ブラン

[フランス・ロワール　ファインズ]

　ライムやレモンの香りが心地良く、シャープ
な酸味がすし・和食を引き立てます。スダチや
ユズを使用したすし・和食と同調。青草の香り
がワサビと同調します。

オイスターベイ　マールボロ　ソーヴィニヨン・ブラン

[ニュージーランド・マールボロ　日本酒類販売]

　世界各地においてニュージーランドの代表
銘柄として認知されています。素晴らしい凝縮
感とピュアな果実味を持ち、ハーブやパッショ
ンフルーツを思わせる爽快さがすし・和食と合
います。

レ・マルスーレ　ピノ・グリージョ　テレザ・ライツ

[イタリア・フリウリ モトックス]

　ピノグリージョ種は、世界的に人気が高まっ
ています。青リンゴの様なフルーティーさと
ジューシーな口当たりが人気の要因です。白ワ
インの中では豊かなボディと果実味を持ちます。
まろやかな味わいは、和食を包み込みます。

バルミニョール　アルバリーニョ

[スペイン・リアス・バイシャス　モトックス]

　レモンの柑橘系の香り、グリーンハーブの香りが、スダチやユズ、ワサビやネギを使用するすし・和食に合います。海からの豊富なミネラルを含む土壌から生まれる海のワインです。ミネラル感と塩味もあり、更にすし・和食との相性を良くします。

ミディアムボディの白ワインにおすすめの和食

　ミディアムボディの白ワインは、シャンパーニュや、若飲みのシャルドネ、セミヨン、ケルナーなどが挙げられます。

　特徴として、果実味と酸味が同等のレベルで、まろやかな口当たりのワインと言えます。リンゴや洋ナシの緑色系果実の香り、熟したグレープフルーツ、モモ、アプリコット、バナナやメロン、パイナップル、ハチミツの香りがあります。まろやかな口当たりで、中程度の濃さも感じるタイプのワインです。

　幅広く料理と合わせられるタイプです。すしや刺身ですと、脂分を程よく持つカンパチやヒラマサ、キンメダイの白身魚。光物ですと、イワシやサバ、コハダ、マグロ赤身、戻りガツオやサーモンとの相性が良くなります。

　柑橘のグレープフルーツの香りを持つワインもありますので、スダチやユズの果汁を掛けたすしや、ユズ皮を振りかけたすしには、相性がなお良くなると言えます。

　石灰質土壌からのミネラル感を感じるワインもあります。魚介類のミネラル分とも同調します。海に近いブドウ畑で取れたブドウ

から造られたワインであれば、塩味を持っていますので、塩を使用するすし・和食と相性が良くなります。和食文化の基本である、出汁に関しては、和食の出汁の味わいは、柔らかくまろやかであることが特徴です。カツオ出汁・昆布出汁・干しシイタケ出汁・貝類の出汁。これらの旨味成分が、ミディアムボディの白ワインのアミノ酸成分と程よく同調。柔らかくまろやかな出汁の口当たりが、まろやかな口当たりの白ワインとも同調します。

蒸しハマグリ

　ハマグリの旨味を日本酒で引き出しながら蒸し煮するシンプルな和食。ハマグリは亜鉛の多い食材なので、生臭くなりやすいのですが、鉄分の少ないワインを合わせれば生臭くなりません。日本酒のアミノ酸とワインのアミノ酸が同調。

　ハマグリのまろやかな旨味とミディアムボディの白ワインのまろやかさ、レモンを添える事により、柑橘系の香りも同調します。

揚げ出し豆腐

　シンプルな味わいの豆腐を片栗粉で包み揚げる事により、脂分の味わいが加わります。出汁と醤油とみりんで作った合わせ出汁で、更に味わいが増します。

　なめらかな豆腐の食感と脂分のまろやかさ、合わせ出汁のまろやかさと旨味がミディアムボディの白ワインのまろやかさと同調します。白ネギ、おろしショウガ、大根おろしの薬味とも好相性です。

カレイの煮つけ

　たっぷりの煮汁でしっとりと煮上げた和食です。淡泊な味わいの白身魚が最適です。白身魚が、出汁、みりん、醤油、砂糖の味わいを含み、旨味を増します。

　適度な旨味を持った煮つけにはミディアムボディの白ワインの味わいが合います。添える針ユズの柑橘の香りがワインと同調します。

かき揚げ

　小エビ、カボチャ、サツマイモ、ピーマン、ナス、玉ネギ等をかき揚げの衣で揚げた天ぷら。芝エビと野菜の甘味が凝縮され、それぞれの素材の旨味を感じます。

　様々な味わいを、衣がまとめ、脂分の口当たりが、ミディアムな白ワインの口当たりと同調します。出汁と醤油とみりんで作る天つゆには、旨味成分のアミノ酸があり、ワインのアミノ酸とも同調して相性を高めます。ユズ塩で食べても好相性です。

おでん

　様々な食材が、旨味のある出汁を含みます。淡泊な味わいの大根から油で揚げた具材まで、様々な味わいに対応出来るのが、ミディアムボディの白ワインです。

すし・和食におすすめのミディアムボディの白ワイン

ニコラ・フィアット　レゼルヴ
エクスクルーシヴ　ブリュット

[フランス・シャンパーニュ　日本酒類販売]

　伝統にとらわれない現代的で大胆なシャンパーニュ造りと、優れたコスト・パフォーマンスにより、めざましい躍進を遂げた型破りな新鋭のブランドです。ジューシーな梨やリンゴの風味、きめ細やかな泡が口当たりをなめらかにします。キレの良い酸味とボリュームある果実味の絶妙なバランスが、すし・和食との相性を良くします。

ニコラ・フィアット　ブラン・ド・ブラン
～ inspired by HOKUSAI ～

[フランス・シャンパーニュ　日本酒類販売]

　「すしにはニコラ・フィアット」と言える程、すしとの相性が良い白ブドウ品種シャルドネ100％ で造られたシャンパンです。日本のワイン業界で活躍する女性審査員500 名が選ぶワインコンクールのすし部門でグランプリを受賞したニコラ・フィアットです。鉄分の含有量が日本酒と同じで、生臭くなりやすい魚介類と合わせても生臭くなりません。すし・和食に合うシャンパンとして造られました。

シャトー・メルシャン　長野シャルドネ

[長野　メルシャン]

　長野県産のシャルドネをバランスよく仕上げ、洗練されたワインです。柑橘系のグレープフルーツの香り、ほのかに香る木の香りを持ちます。まろやかな口当たりのミネラル感とコクを感じます。日本のシャルドネを代表する味わいで、すし・和食におすすめです。

北海道ワイン　北島秀樹ケルナー

[北海道　北海道ワイン]

　北海道ワインのブドウ作りは「適地適作」がモットーです。冷涼な気候に合ったケルナーの良さを最大限引き出した匠シリーズです。フレッシュな柑橘系の酸味と、とろみのある果実味のバランスがすし・和食との相性を良くしています。

シャブリ　プルミエ　クリュ　ヴァイヨン
ウイリアム　フェーブル

[フランス・シャブリ　ファインズ]

　シャブリを代表する生産者で、自然派栽培にも先駆けて取り組むワイナリー。ブドウ本来の味わいが出ています。ミネラル感あふれるワインです。シャブリは、すし・和食におすすめのワインとなります。

ヴェルディッキオ・ディ・マテリカ　コッレステファノ

[イタリア・マルケ　ヴィントナーズ]

　石灰質土壌の為、鉄分の少ないワインになり
ます。ハーブ、ミネラルの香りが、すし・和食と
の相性を良くします。リンゴのような味わいがす
し・和食をやわらかく包みます。

ブシャール　ペール　エ　フィス
ブルゴーニュ　シャルドネ　"ラ　ヴィニエ"

[フランス・ブルゴーニュ　サントリーワインインターナショナル]

　テロワールを忠実に再現して、ブルゴーニュ
の良さが表れた、まろやかな白ワインです。ワイ
ンのミネラル感が魚介類のミネラル分との相性
を良くします。

フルボディの白ワインにおすすめの和食

　フルボディの白ワインは、熟成シャンパーニュ、樽熟シャルドネ、
樽熟ソーヴィニョン・ブラン、リースリング、シュナンブラン、ヴィ
オニエ、ゲヴュルツトラミネルなどが挙げられます。
　特徴としてブドウが熟すことと、ブドウ品種の特性により、モモ、
アプリコット、トロピカルフルーツのマンゴー、パッションフルーツ、
ライチの果実の香りを持つようになります。醸造過程で酵母、澱

からもたらされるビスケット、パンの風味。マロラクティック発酵(乳酸発酵)という、ブドウ本来が持つリンゴ酸から乳酸に変化する発酵手法があります。その手法を用いることによりバター、チーズ、クリームの風味が出て来ます。

　熟成に用いるオークの木樽により、バニラ、ナツメグ、トースト、杉、焦がした木、スモーク臭、チョコレート、コーヒーの香りや風味を持ちます。瓶熟成によってシナモン、ショウガ、ナッツ、キノコ、干し草、ハチミツ、乾燥させたアプリコット、乾燥させたバナナの風味がもたらされます。

　これらのように挙げただけで、様々な香りや風味を併せ持つのが、フルボディの白ワインなのです。様々な要素、複雑な要素を併せ持つのが特徴です。すしや刺身との相性を考えますと、フルボディという濃さやコクを持ちますので、脂分が多いすしダネや刺身との相性が良くなります。白身魚のブリ、ノドグロ、光物のサンマ、マグロの中トロ、大トロ、ネギトロ、イクラ、穴子と相性が良いと言えます。

　脂分が多いすしダネや刺身の脂分のまったりとした口当たりが、マロラクティック発酵からもたらされるバターやクリームの風味と同調します。熟成に用いるオークの木樽によりもたらされるトースト、焦がした木、スモーク臭は、ノドグロ、マグロの中トロ、大トロ、穴子をあぶった時の焦げた香りと同調します。

　瓶熟成によって出てくるショウガは、すしのガリと同調。シナモン、ナッツ、キノコ、干し草の風味は醤油の発酵の要素と同調します。

　様々な要素、複雑な要素を併せ持つフルボディの白ワインは、調味料の醤油や味噌、みりん、日本酒との相性が良いのが特徴です。

ほうれん草とニンジンの白和え

　なめらかな口当たりと豆腐のコクが滋味深い和食。豆腐に醤油、砂糖、味噌、塩を混ぜてなめらかな衣にします。豆腐のなめらかな口当たりと様々な調味料の複雑味が、フルボディの白ワインとの相性を良くします。ほうれん草、ニンジン、シメジと食材は、出汁、みりん、醤油で煮てから冷まします。深みのある味わい、ほうれん草の苦味、キノコの風味が同調します。その心地よい苦味は、複雑な要素を併せ持つフルボディの白ワインと同調します。

きんぴら

　ゴマ油、醤油、日本酒、砂糖、白ゴマと様々な調味料のみで仕上げ、複雑味を出します。

　ゴボウ、レンコンやピーマンの苦味、ニンジンの甘味、白ゴマの風味と様々な味わいを楽しめる和食です。様々な要素、複雑な要素を持つフルボディの白ワインと同調します。

サバの味噌煮

　とろりと煮詰まった味噌が、脂分を多く持つサバにからんで濃さを持つ和食となります。

　煮汁には、味噌、日本酒、みりん、醤油、砂糖、ショウガと様々な調味料を使用し、複雑でコクのある味わいです。フルボディの白ワインと好相性となります。サバは生臭くなりやすい食材ですので、鉄分の少ないワインを合わせることが必要です。

イサキのオイル焼き

　小麦粉をまぶして油で焼くと、香ばしいスモーキーな香りとカリッとした食感が楽しめます。白身魚ですが、油をたっぷりと使い揚げ焼きの方法なので、油のコクが加わります。イサキは香りの強い魚です。焼く事により生まれる香ばしいスモーキーな香りと風味、油のコクが、フルボディの白ワインと同調します。

豚肉の味噌漬け焼き

　しっかりと味噌の味が染み込んだ豚肉を焼くことにより、豚の脂分と味噌の香ばしさが増します。豚の脂分のコク、焼いた時のスモーキーな香り、味噌の様々な要素の風味が、フルボディの白ワインと好相性です。

■ すし・和食におすすめのフルボディの白ワイン

パルム・ドール　ブリュット

［フランス・シャンパーニュ　日本酒類販売］

　アプリコットのドライフルーツ、トロピカルフルーツのマンゴー、上質なハチミツ、トーストと様々な香りや風味を持ち、複雑でクリーミーなスタイルのシャンパンです。黒ブドウのピノ・ノワールと白ブドウのシャルドネを贅沢にブレンドして最低10年の熟成をします。複雑な味わいのシャンパンは、複雑な要素を持つ和食、脂分の多いすしダネと好相性です。

高畠バリック　シャルドネ樫樽熟成

[山形　高畠ワイナリー]

　高畠町は有機農法の先駆地として、知られています。しっかりとした酸に熟したリンゴやパイナップルを連想させる果実風味に、焼き立てのパンのような香りがほのかに溶け込んでいます。脂分が多いすしダネやあぶりすしに、特に相性が良いスタイルです。

シャトーマルス　穂坂日之城　シャルドネ

[山梨　シャトーマルス]

　日本ワインにマルスならではの、新しい価値を生み出す挑戦を続けています。適熟したブドウを樽発酵させ、厚みのある味わいに仕上げています。和食との相性も意識した造りです。

スミス・マドローン　シャルドネ

[アメリカ・ナパヴァレー　デプト　プランニング]

　カリフォルニアの質の高さを証明します。濃さを持ち、木の香りがバランス良く香るワインです。あぶりのすしや焼き物の和食と、特に相性の良さを発揮します。

ケンゾー　エステイト　あさつゆ

[アメリカ・ナパヴァレー　ケンゾー　エステイト]

　カリフォルニアの聖地で日本人が成功を収めました。白桃の香りが前面に出る新しいタイプのソーヴィニョン・ブランです。とろけるような味わいは、すしや和食を優しく包み込みます。

ムルソー　ルイ・ジャド

[フランス・ブルゴーニュ　日本リカー]

　ルイ・ジャドのムルソーは、ほのかな木の香りと良く熟した果実味あふれる香りがバランス良くワインに溶け込んでいます。とろみのある、なめらかなワインです。あぶりのすしや焼き物の和食に特に合います。

クロ　ド　ラ　クレ　ド　セラン ニコラ　ジョリー

[フランス・ロワール　ファインズ]

　ワイン、人、自然を愛し、たどり着いた自然派のワイン。凝縮感があり、ハチミツやアプリコット、スモーキーな風味を感じます。濃いワインですので、脂分を多く持つすしダネや和食に合います。

すし・和食におすすめのロゼワイン

　ロゼワインは、赤ワインのブドウ品種の黒ブドウで造ります。黒ブドウを潰して、ワインにほのかに赤色が付いたら、ブドウの皮を取り除き、淡い色のロゼ色に仕上げます。赤ワインのブドウ品種を使用しますが、ブドウの皮からの渋味は出ない製法ですので、味わいは白ワインの味わいの様になります。黒ブドウが持つ味わいのコクを少し感じます。

　白ワインを造る白ブドウより、ロゼワインや赤ワインを造る黒ブドウの方が、鉄分の含有量が多く生臭くなりやすいので、すし・和食に合わせる時には注意が必要です。

グレイス　ロゼ
[山梨　中央葡萄酒]

　日本でも骨格のある辛口ロゼを造りたいという栽培醸造家の想いから、2008 年に生まれたロゼワインです。メルロー、カベルネ・ソーヴィニョン他を使用し、フレンチオークの旧樽で発酵と貯蔵を行っています。和の食卓を意識したワインです。

都農ワイン　キャンベル・アーリー ドライ
[宮崎　都農ワイン]

　料理と合わせるのに、キャンベル・アーリーの辛口があればいいのにという要望に応えて、誕生した辛口ロゼワインです。コクとキレのあるスタイルに仕上げています。シャープな酸味は、すし・和食に寄り添う相性です。

平川ワイナリー　スゴン　ヴァン　ロゼ
テール　ド　ヨイチ

[北海道　平川ワイナリー]

　木いちごの香りに、花やスパイスの香り。豊かな果実味にしっかりとした酸味が心地よい辛口ロゼワインです。最大限の醸造学的知識とブレンド能力によって生まれます。

エスタンドン　アンソランス

[フランス・プロヴァンス　ロゼレガンス]

　どんな料理にも相性の良いキリッとドライなプロヴァンス・ロゼ。気軽に自由に飲んで欲しいという、醸造家のスタイルが表れています。自由なスタイルですし・和食と楽しめるワインです。

ケンゾー　エステイト　結（ゆい）

[アメリカ・ナパヴァレー　ケンゾー　エステイト]

　チェリーや木いちごの香りで清涼感のあるドライな味わいが魅力です。目にも美しいローズピンク色。すし・和食に寄り添う相性です。マルベック、カベルネ・フラン他ブレンド。

ライトボディの赤ワインとおすすめの和食

　ライトボディの赤ワインの特徴は軽い味わいで、赤系果実の香りや風味、すなわちクランベリー、ラズベリー、イチゴ、レッドチェリー、レッドプラムの香りや風味を持っています。品種によっては、コショウやシナモンの香辛料、青野菜、キノコの香りや風味があります。タンニン(渋味)は少なくフレッシュ&フルーティーな味わいの赤ワインです。

　代表的なブドウ品種を挙げますと、日本を代表する品種である、マスカット・ベリー A。メジャー品種では、ピノ・ノワールを使った物で、木樽で熟成しない若飲みのタイプのワイン。ボージョレ・ヌーヴォーで有名なガメイ種を使用した赤ワインも、ライトボディのワインにあたります。

　フレッシュ&フルーティーな赤ワインですので、すしや刺身ですと、軽い味わいから中程度の味わいの魚介類が合います。白身魚ですと、タイ、イサキ、カンパチ、ヒラマサ、キンメダイ。光り物は、コハダ、サバ、イワシ。赤身であれば、マグロの赤身、カツオ、サーモンとの相性が良いと言えます。和食では、以下の料理がおすすめです。

大根の葉のゴマ炒め

　栄養たっぷりの大根の葉を活用した和食。大根の葉の青味とライトボディの赤ワインが持つ青草の風味と同調。おろしショウガを調味料で使用する為、スパイシー感も同調します。

イワシの梅煮

　梅の爽やかな酸味で光物の生臭みを和らげます。サンマで作っても美味しい和食です。梅干しは大ぶりで、身のやわらかい物を使用します。梅の香りと風味が、レッドプラムの香りや風味を持つライトボディの赤ワインと同調し、とても相性が良くなります。イワシは生臭くなりやすいので、鉄分の少ないワインを合わせることが重要になります。

揚げステーキ

　厚揚げをフライパンやオーブンで焼き上げ、カリカリとした食感にします。おろしショウガ醤油のスパイシー感と同調。添え物の万願寺唐辛子の青味、プチトマトの赤味もライトボディの赤ワインの要素と同調します。

タケノコの木の芽焼き

　タケノコは茹でてから、醤油、みりん、日本酒、砂糖で作ったかけ焼きのタレを掛けます。木の芽は包丁で叩いて細かくして、香りを引き出します。タケノコのほのかな苦味と、木の芽の青草の香りがライトボディの赤ワインの要素と同調します。

▌すし・和食におすすめのライトボディの赤ワイン

タケダワイナリー　ルージュ

[山形　タケダワイナリー]

　良質な山形県産マスカット・ベリーA種を100% 使用したライトボディのワインです。

　赤系果実の香りが豊かで、シャープな酸味となめらかなタンニンが心地よい、和食との相性がよいタイプです。

シャトーマルス　カベルネ・ベリーA　穂坂収穫

[山梨　シャトーマルス]

　「やわらかさ」と「力強さ」を併せ持つ、日本人の繊細な味覚に合う日本の赤ワイン。すし・和食と赤ワインを気軽に楽しむことが出来ます。

　カベルネ・ソーヴィニヨン、マスカット・ベリーAの日本特有のブレンド。

ダミアン・コクレ　ル・フー・ドゥ・ボージョ

[フランス・ボージョレ　日本酒類販売]

　ミネラル感のあるボージョレ・ヴィラージュワイン。果実味とフレッシュな酸味が特徴のガメイ種 100% で造られたワインです。ミネラル感が、魚介類のミネラルと同調します。

ディーキン・エステート　ピノ・ノワール

[オーストラリア・ヴィクトリア　日本酒類販売]

　イチゴ、ラズベリーの赤系果実の香りや風味があふれます。コショウの風味もほのかにあり、やわらかい味わいの親しみやすい赤ワイン。気軽に、すし・和食と合わせ楽しめます。

フレデリック・マニャン　ブルゴーニュ
ピノ・ノワール

[フランス・ブルゴーニュ　テラヴェール]

　新たなネゴシアンのスタイルを確立したブルゴーニュの異端児。土地の個性が、

　ストレートに表現されたピュアな赤系果実の味わいです。きれいな酸味がすし・和食に寄り添います。

ミディアムボディの赤ワインにおすすめの和食

　ミディアムボディの赤ワインは、以下のように多くの品種があります。

　若飲みのカベルネ・ソーヴィニヨン、若飲みのメルロー、樽熟のピノ・ノワール、若飲みのシラー（シラーズ）、若飲みのグルナッシュ（ガルナッチャ）、若飲みのテンプラニーリョ、若飲みのサンジョヴェーゼ、若飲みのモンテプルチャーノ、バルベーラ、カリニャ

ン、カルメネールなど、多くの品種が該当しますので、特徴も様々となります。

　赤系果実のイチゴ、レッドチェリー、レッドプラム、ラズベリーの香りや風味、黒系果実のカシス、ブラックチェリー、ブラックベリー、ブラックプラム。緑系の香りや風味である、ピーマン、青草、ミント、緑茶、ハーブ。香辛料の香りや風味、白コショウ、黒コショウ、シナモン、クローブ、甘草。オーク樽から出る、バニラ、クローブ、トースト、杉の木。この様に、様々な香りや風味が混在していることが特徴です。

　タンニン(渋味)は中程度となり、酸味も中程度から高い物まで様々です。

　すしや刺身で相性が良い物はと言いますと、白身ですと脂分が多いブリ、ノドグロ。光物のサンマ、マグロの中トロ、大トロ、ネギトロ、イクラ、穴子、ウニとなります。

　脂分が多いすしダネや刺身でないとワインの味わいがまさってしまい、繊細な味わいのすしダネや刺身の味わいを消してしまいます。

カニ、ほうれん草、シイタケの
カラシ和え

　味噌にカラシを加えて、コクのあるまろやかな味わいの中にピリッとした辛味を効かせて和えます。練りゴマのコクも加わり、ミディアムボディの赤ワインとの相性が良くなります。

　カニやエビ、イカやタコ、葉物野菜など入れて、様々な素材の味わいを楽しめます。

　ほうれん草の青草の風味、カラシのスパイシー感が同調します。

ナスの揚げびたし

　油で揚げたナスを合わせ出汁に漬け込み、味を充分に染み込ませます。油のコク、合わせ出汁のコク、ナスの心地よい苦味がミディアムボディの赤ワインと合います。付け合わせの糸唐辛子のスパイシー感も同調します。

牛肉とコンニャクの甘辛煮

　醤油、みりん、日本酒、砂糖の煮汁でしっかりとした味付けです。牛肉と糸コンニャクを甘辛く炒り煮します。甘辛の味わいは、果実味と渋さを持つミディアムボディの赤ワインと良く合います。ゴマ油のコク、唐辛子のスパイシー感も同調します。

ブリの照り焼き

　照り焼きのタレは、ミディアムボディの赤ワインとも相性が良い調味料です。醤油、みりん、日本酒、砂糖とコクのある定番の調味料です。ブリも脂分を持っていますので、なお相性が良くなります。

タイのあら煮

　濃厚な旨味のあるタイのあらを、水、日本酒、砂糖、みりん、醤油、たまり醤油でやや甘めに煮ます。やや甘く濃厚な味わいはミディアムボディの赤ワインと同調。
添えるオクラの緑系の風味は、ワインが持つピーマンや青草の風味とも同調します。

■ すし・和食におすすめのミディアムボディの赤ワイン

ルバイヤートルージュ樽貯蔵

[山梨　丸藤葡萄酒工業]

　メルロー 100% のミディアムボディのワインです。丹念に発酵させた後に小樽で熟成させました。落ち着いた木の香りが、優しくワインに溶け込んでいます。柔らかい味わいがすし・和食に寄り添います。

ドメイヌ・タケダ　ベリー A　古木

[山形　タケダワイナリー]

　樹齢 70 年以上のマスカット・ベリー A 種 100% を樽熟成。華やかな香りに加え、ブドウ樹の年齢が生み出した、奥行きのある味わいです。和食との相性を意識した造りです。

マルケス・デ・リスカル　ティント・レセルバ

[スペイン・リオハ　サッポロビール]

　樹齢 40 年以上のテンプラニーリョ種を使用している為、深みのある味わいです。鉄分の少ない土壌のブドウから出来ていますので、魚介類に合わせても生臭くなりません。酸とタンニンの絶妙なバランスで、爽快さ、繊細さがすし・和食に合います。

ブラゾン　ド　オーシエール

[フランス・ラングドック　サントリー　ワイン　インターナショナル]

　すしと赤ワインの相性の概念を変えたワインです。ボルドーとコルビエールの伝統を融合したスタイルです。鉄分が少ない為、生臭くならず、まろやかな渋みとアルコール度数の高さが全てのすし・和食を包み込む包容力を持っています。シラー、グルナッシュの鉄分の少ない品種と他 2 種のブレンド。

オイスターベイ　マールボロ　ピノ・ノワール

[ニュージーランド・マールボロ　日本酒類販売]

　オーク樽で 11 か月間熟成して、木の香りがワインに溶け込んでいます。熟したレッドチェリーの豊かな風味と柔らかいタンニンが特徴で、魚介類との相性が良いミディアムボディの赤ワインです。

デュジャック　ジュヴレ・シャンベルタン

［フランス・ブルゴーニュ　ラック・コーポレーション］

　ブルゴーニュの歴史を動かしたデュジャック。色は薄いのに味が濃いという独特のスタイルを持っています。

フルボディの赤ワインにおすすめの和食

　フルボディの赤ワインも様々な要素を持ち、複雑な味わいが特徴です。黒系果実の香りと風味を持ちます。すなわち、カシス、ブラックベリー、ブルーベリー、ブラックチェリー、ブラックプラムの香りと風味です。

　草系の香りや風味もあります。ピーマン、ミント、緑茶、カシスの葉、ユーカリ、薬草、バラの香りと風味です。

　ブドウが熟して出てくる香りや風味として、イチジク、プルーン、レーズン、ジャム、フルーツケーキなどのフルーツ感を感じたりします。香辛料の白コショウ、黒コショウ、甘草、クローヴなどのスパイシーな香りや風味もあります。オーク樽で熟成しますので、木由来のバニラ、ナツメグ、ココナッツ、トースト、杉の木の香りや焦がした木の香り、燻製、チョコレート、コーヒー、松ヤニ、バター、クリームの香りや風味を感じます。瓶熟成から出てくる皮革、土、キノコ、猟鳥類、タバコ、湿った葉、肉類と様々な要素の香りや風味を持ちます。

　どのタイプのワインも樽熟成で、長期熟成可能であるという共通点があります。品種でいいますと、カベルネ・ソーヴィニヨン、

メルロー、シラー（シラーズ）、カベルネ・フラン、テンプラニーリョ、ネッビオーロ、サンジョヴェーゼ、モンテプルチアーノ、アリャーニコ、ジンファンデル（プリミティーヴォ）、ピノタージュ、マルベック、ムールヴェードル、濃いタイプのグルナッシュと様々なワインが挙げられます。

渋さを持ちコクがあり、濃いタイプの赤ワインなので、合わせるすしや刺身は限られて来ます。脂分を非常に多く持ち、口当たりがまったりとしたコクのある物になります。

マグロの中トロ、大トロ、ネギトロで、中トロや大トロも炙るとスモーキーになりオーク樽から出てくるトーストや焦がした木、燻製の香りや風味と同調します。

脂が一番乗った時期にサンマであれば、炙ることにより、スモーキー感が同調します。煮詰めのタレをたっぷり塗った穴子であれば、相性が良くなります。

豚肉の味噌漬け焼き

しっかりと味噌の味が染み込んだ豚肉を焼いて香ばしくします。味噌、みりん、日本酒の味噌床のしっかりとした味わいと、豚肉のコクのある脂分と焼いた時の香ばしい香りが、フルボディの赤ワインのコクや濃さ、複雑味、香ばしい香りがトーストや燻製の香りと同調します。

牛肉そぼろ煮

甘辛い味わいの牛そぼろは、とろりと濃厚なたまり醤油を使うと、コクが深まります。仕上げに粉ガツオを加えて旨味もアップして尚コクのある味わいとなります。たまり

醤油、日本酒、砂糖、おろしショウガ、粉ガツオ、ユズの皮と様々な要素が、複雑な要素を持つフルボディの赤ワインと同調します。

豚の角煮

　豚肉を初めに焼き目が付くまで焼き、香ばしさを出します。たまり醤油を使用することにより、コクが深まります。たまり醤油、みりん、日本酒、砂糖で複雑味が増し、煮込むことにより味が染み込んでいきます。豚の脂分、煮汁に使用する様々な調味料がコクと複雑味となり、香ばしさもある為、フルボディの赤ワインに同調して相性が良くなります。

焼き鳥（タレ）

　焼き鳥も様々な部位がありますが、フルボディの赤ワインと合わせるのであれば、コクのある味わいのタレを使ったモモや皮、レバーがおすすめです。醤油、みりん、日本酒、砂糖で濃いめの味付けのタレの方が相性が良くなります。鶏肉のモモや皮の脂分は旨味とコクを持ちます。レバーはまったりとした口当たりなので、濃いめのタレと合わせることで、なお味わいが深くなります。レバーは鉄分の多い食材ですので、鉄分の少ないワインを合わせることが重要です。

すき焼き

　すき焼きはとても人気のある和食です。醤油、みりん、日本酒、砂糖で作る割りしたは、牛肉の旨味と絡まり、コク深くなります。焼いて食べる関西風であれば、牛肉を焼いた香ばしさがフルボディの赤ワインのトーストや燻製の香りや風味に同調します。様々な具材が割りしたのコクのある味を吸収します。様々な要素と相性を良くします。

■ すし・和食におすすめのフルボディの赤ワイン

レ　フィエフ　ド　ラグランジュ

[フランス・ボルドー　ファインズ]

　シャトー　ラグランジュのセカンドラベル。その品質基準は非常に高いワインです。味わい豊かで黒系ベリーの華やかな香りです。カベルネ・ソーヴィニョン・メルロー他のブレンド。

イル・ボッロ

[イタリア・トスカーナ　エノテカ]

　サルヴァトーレ・フェラガモ　グループが造る濃厚で上品なワイン。石灰質土壌で鉄分の少ないワインが出来ます。柔らかなタンニンがすし・和食と合います。メルロー、カベルネ・ソーヴィニョン他ブレンド。

ケンゾー　エステイト　紫鈴(りんど)

[アメリカ・ナパヴァレー　ケンゾー　エステイト]

　ナパの大自然に守られ、純粋なブドウを育むワイナリー。深みとしなやかさを、併せ持つ繊細な赤ワインです。繊細な味わいは、すし・和食との相性を良くします。カベルネ・ソーヴィニョン、メルロー他ブレンド。

シャトー　レオヴィル　ポワフェレ

[フランス・ボルドー ファインズ]

　1970年代の不振から完全に立ち直り、再
評価されている名門シャトー。ボリュームと深
みを備え、上質なタンニンと凝縮した果実味に
富んでいます。タンニンの優しい上品な味わい
ですので、すし・和食とも合います。カベルネ・
ソーヴィニヨン、メルロー他ブレンド。

シャトー　ラグランジュ

[フランス・ボルドー　ファインズ]

　近年、飛躍的に評価を上げているシャトー。
深みのある味わいがすし・和食を優しく包み込
みます。カベルネ・ソーヴィニヨン、メルロー
他ブレンド。

シャトー・ポンテ・カネ

[フランス・ボルドー　エノテカ]

　恵まれたテロワール(土壌や自然環境)と技
術の融合が生み出した一本です。華やかな
香りとシルキーな口当たりで、果実味、酸味、
渋味のバランスに優れています。石灰を含んだ
砂利質で鉄分も少ないワインです。カベルネ・
ソーヴィニヨン、メルロー他ブレンド。

パヴィヨン　ルージュ　デュ　シャトー　マルゴー

[フランス・ボルドー　ファインズ]

　エレガントで高貴なワインと評されるシャトー　マルゴーのセカンドワイン。香り高く、きめ細かいタンニンとミネラルが見事に調和した、奥行きのあるワインです。ミネラルを思わせる風味がすし・和食に合います。カベルネ・ソーヴィニヨン、メルロー他ブレンド。

第4章

日本酒・焼酎・ウイスキー・
ビール・スピリッツ

すし・和食と各種酒の
相性を考える

日本酒とすし・和食の合わせ方

　前述しました通り、ワインに含まれている鉄分と、食材が持っている鉄分・亜鉛・酸化した脂分が反応すると生臭くなる事がわかりました。鉄分が少ないワインを合わせれば、生臭くならないという事です。ですから、鉄分の含有量が少ない酒は、すし・和食に合わせても生臭くなりません。私がソムリエとして徹底的に研究しましたワインと料理の相性の「法則」を基準に、さらに応用例を解説します。

　この章では、ワインの時に用いたすし・和食との相性分析をもとづいて、日本酒、焼酎、ウイスキー、ビール、スピリッツとの相性について考えてみたいと思います。

　まずは日本酒から。どの国の食文化に言える事だと思いますが、その国の酒と料理は、独自の土壌や風土の中で、歴史の波に洗われて残ってきたものです。したがって、すし・和食と日本酒の相性となると、どれも合わないはずがないと考える人は多いでしょう。しかし、私の分析によって日本酒のどの成分が合うかがわかりますから、数ある日本酒の中で、すし・和食と「より相性がいい」物が何かわかるのです。

　これまでのすし・和食と日本酒の楽しみを、さらに高いレベルで楽しんでいただきたいと思います。

すし・和食との相性を考えて、日本酒の特徴を見る

日本酒の鉄分の含有量

　100g あたり、日本酒は平均 0.1mg の鉄分を含んでいます。白ワインは 100g あたり平均 0.3mg。ロゼワインと赤ワインは 100g

あたり平均 0.4mg です。ワインと比べると、日本酒の鉄分含有量は、白ワインの 1/3。ロゼワイン、赤ワインの 1/4 と少ないのがわかります。ですから、日本酒はあらゆるすし・和食に合わせても生臭くなりません。

　この数値でわかる様に、日本酒とすし・和食の組み合わせは、昔から理にかなっていたのです。

すし・和食の繊細な味わいを消さない味わいの日本酒

　人が食べて、食べ物の濃さやコクと感じるのは、脂分です。その脂分の量を基準にすると、すし・和食は軽い味わいの領域に入る物が多くなります。

　そのことからも、これらで食を楽しむためには、すし・和食の繊細な軽い味わいを消さない酒を選ぶ事が大切となります。繊細な味わいのすし・和食には、アルコール度数が低く、苦味や甘味が少ない、スッキリ感が特徴の日本酒が、相性がより良いと言えます。

　日本酒のアルコール度数は 22％ 未満と酒税法で定められています。原酒のアルコール分は 20％ 程ですが、通常は 15 ～ 16％ に水で割って出荷されます。日本酒はアルコール度数が 20％ 以下という事で、全体的な酒の中では、アルコール度数が低い分類に入ります。

　アルコール度数が低い程、一般的には軽い味わいと言えます。しかし実際には、アルコール度数が低い酒でも、苦味や甘味が多くあると濃く感じる場合がありますので、注意が必要です。日本酒の原酒は 20％ 程度ですので、すし・和食に合わせて日本酒を楽しむのなら、アルコール度数が低い 15 ～ 16％ がおすすめになります。

すし・和食と同調性がある日本酒

　料理と酒とのペアリングを考える上で同調性というものが重要になります。すし・和食と日本酒の同調性を見ていきます。

　日本酒は、米から造りますので、米を使用するすし・和食に同調します。

　日本酒は、冷酒から常温、ぬる燗、熱燗と色々な温度帯で楽しむ事が出来る珍しいお酒です。その日本酒の温度を活用して、すし・和食と合わせる事が出来ます。

　すしや刺身であれば、

　淡泊な味わいの白身や貝類、イカやタコには、冷酒が同調します。

　常温からぬる燗は、ブリやノドグロなど脂分がある白身や、マグロ赤身、カツオの脂分が常温やぬる燗の口当たりと、同調する事を感じると思います。

　熱燗であれば、脂分の多いマグロの大トロや中トロ、サンマ、穴子などと同調します。脂分が熱燗の熱で溶けて、相性が良くなります。

　和食であれば、

　軽い味わいの料理は冷酒。

　中程度の脂分を持つ料理には、常温からぬる燗。

　脂分を多く持つ料理には、熱燗と言った具合です。後ほど、和食の例として料理名をあげます。

　精米歩合によっても、同調性が変わります。精米歩合とは、米をどの程度削るかといった事です。

　精米歩合 70% だったら、外側を 30% 削り、70% を使います。

　精米歩合 30% だったら、外側を 70%も削って、30% しか残さないという事です。

　米の外側は雑味もあり、残す歩合が高い程、できた原酒は複雑味のある味わいになります。贅沢に削って、残す歩合が低い程、米

の芯の部分である雑味のないキレイで繊細な味わいの酒となります。

　精米歩合の数字が小さい程、キレイで繊細な味わいとなりますので、すしや刺身であれば、淡泊な味わいの白身や貝類、イカやタコなどと同調します。和食なら繊細で軽い味わいの料理がそれに当たります。

　精米歩合の数字が大きい程、脂分を持ち、味の濃さを持つすしや刺身、ブリやノドグロ、マグロやカツオ、サンマや穴子に同調して来ます。和食なら、脂分を多く持つ料理です。

　そして、柑橘系の香りのある日本酒を選べば、スダチを掛けたすしや刺身、ユズやスダチなどの柑橘類を香りづけなどに使用した和食と同調します。

　発酵食品である醤油、味噌、酢、みりんを使用するすし・和食には、発酵の要素が出ている日本酒の風味やアミノ酸、酸味、旨味、甘味が同調します。当然、日本酒を使用する和食には、日本酒が同調するのは確実です。

日本酒のマスキング効果（生臭みを包む効果）

　日本酒のアルコール度数は平均 15% 〜 16% ですが、20%〜22% の原酒もあります。そのアルコール度数の高さを逆に活用すると、生臭みをマスキングするという事も出来ます。

　また日本酒は多くの旨味成分のアミノ酸を含みます。その多くのアミノ酸が、生臭みをマスキングします。コクのある味わいの日本酒であれば、コクのある味わいが生臭みをマスキングします。

　しかし繊細な味わいのすし・和食を消さないように注意しながら選ぶ事が大切になります。

　日本酒は、冷酒から熱燗まで楽しめる、飲用温度の幅がある酒です。冷酒より熱燗の高い温度の方が、マスキング効果が高いと言えます。

日本酒の4タイプの分類 【日本酒造組合中央会ホームページより】

フルーティーなタイプ

香り

華やかな香り。リンゴ、オレンジ、バナナといったフルーツの上品な香り。ほのかに香るハーブや花の香りもある。

味わい

ワインのようなフルーティーな風味があるが、飲み口が軽快でさっぱりとした味わい。
*吟醸酒、大吟醸、純米吟醸、純米大吟醸が該当。

幅広くすし・和食に合うタイプ

香り強い

熟成タイプ

香り

スパイスやドライフルーツのような力強い熟成香。

味わい

熟成により、甘味、酸味、苦味がバランスよく合わさった深い旨味がある。
どっしりとした飲みごたえがある。
*古酒、秘蔵酒、長期熟成酒。

脂分を多く持つすし・和食に、相性が良い

味わい軽い

味わい濃い

軽快なタイプ

香り

穏やかで控えめな香り。柑橘系やハーブ、ミネラルの香りがある。

味わい

清涼感があり、軽快。切れが良く、スッキリとした味わい。淡麗辛口。
*日本酒の中で、最も多いタイプで、普通酒、生酒から純米大吟醸酒まで幅広い酒が該当する。

軽い味わいのすし・和食に相性の良いタイプ

香り控えめ

コクのあるタイプ

香り

米本来のふくよかな香り。乳製品を思わせる香りもある。

味わい

米の旨味を感じられるタイプで、コクのある味わい。ミネラルの風味も併せ持つ。
*純米酒、特に生酛（きもと）山廃（やまはい）の酒がこのタイプ。

脂分を持つすし・和食に相性が良い

生酛→乳酸菌を添加せずに自然の力だけで造る方法
山廃→蒸米と麹（こうじ）をすり潰さない作業

すし・和食と合わせて飲まれる定番の日本酒ですが、日本酒にも様々なタイプがあります。軽い味わいから、重い味わいまで。香りの強いタイプや、控えめな香りでサラッと飲めるタイプなどです。

　様々なタイプの数が多い日本酒を、日本酒造組合中央会で考えて、88ページの図のように4タイプに分類しています。香りの高さと味の濃淡を軸に、日本酒を4タイプに分類し図式化したものです。

　この様に、日本酒を4タイプに分類すると、わかりやすいと思います。そこで日本酒の4タイプの特徴から、相性の良いすし・和食のタイプとおすすめの日本酒をご紹介していきます。

軽快なタイプ──軽い味わいのすし・和食に相性の良いタイプ

　軽快なタイプの日本酒は、穏やかで控えめな香りです。スダチやレモン、ユズなどの柑橘系の香りや、タイムなど爽やかな香りを持つハーブ、新緑の若草のフレッシュな香りがあります。ミネラルの香りがあるのも特徴です。

　清涼感があり、軽快な口当たり。切れ味が良く、軽いスッキリとした味わいです。一言で言えば、淡麗辛口のお酒です。日本酒の中で、最も多いタイプで、普通酒、生酒から純米大吟醸まで幅広い酒が該当します。

　軽い味わいの日本酒ですので、すしや刺身ですと、軽い味わいのヒラメやカレイ、カワハギ、真ダイなどの白身魚。淡泊な味わいのイカやタコ、エビやカニ、ツブ貝やトリ貝、ホタテなどの貝類と相性が良いタイプです。

　しかも、柑橘系のスダチやユズの香りのある軽快なタイプの日本酒ですので、すしや刺身にスダチを掛けたり、ユズ皮を振ったりすると、なお相性が良くなります。

▌軽快なタイプに合う和食

カブの葉のおひたし

　青菜のおひたしは出汁をたっぷり含ませることにより、美味しさが増します。軽快なタイプの日本酒、若草の香りの特徴が同調します。その他の緑葉食野菜のおひたしとも相性が良いです。

ハマグリと小松菜のゴマ酢和え

　練りゴマ、醤油、酢、出汁でゴマ酢を作ります。ゴマに酢が加わることで、魚介類との相性が高まります。さっぱりとした酸味と旨味、小松菜の青味が軽快なタイプの日本酒と同調します。亜鉛を多く持つハマグリで生臭くなりやすいのですが、日本酒であれば生臭くなりません。

カブの浅漬け

　カブの皮、カブの葉、カブの茎を塩でもんで塩気をなじませます。塩昆布と豆腐の味噌漬けを添えると更に旨味が増します。カブの葉と茎の新緑の香りが、軽快なタイプの日本酒と合います。

潮汁 (うしおじる)

　ハマグリから出る出汁の美味しさを味わう和食です。優しい出汁の味わい、ハマグリのやわらかい甘味と旨味に軽快なタイプの日本酒が寄り添います。ハマグリのミネラルとの同調。添える菜の花の青味も、同調の要素になります。ハマグリの代わりに、タイやスズキ、サバのアラも潮汁に向きます。

車エビの天ぷら

　エビの淡泊な味わいと軽快なタイプの日本酒は相性がとても良いです。

ふろふき大根

　大根を芯まで煮て、優しい味わいの出汁を楽しむ料理。添えるグリーンアスパラガスの青味と軽快なタイプの日本酒が持つ新緑の香りが同調します。調味料として日本酒を使用する事により相性が良くなります。

アサリの酒蒸し

　ふっくらとしたアサリの身と日本酒で蒸して出た汁の旨味を味わう和食。軽快なタイプの日本酒の相性は抜群です。添えるホウレンソウの青味も同調します。添えるレモンが、日本酒の柑橘系の香りと同調します。

▌軽快なタイプですし・和食におすすめの日本酒

特別本醸造　八海山<ruby>八海山<rt>はっかいさん</rt></ruby>

五百万石他精米歩合55% アルコール度数15.5%

[新潟県南魚沼市　八海醸造]

　やわらかな口当たりと、キレの良いのど越し
が特徴です。八海山を代表する淡麗なお酒で
す。低温発酵からくる柑橘系の香りが心地よい
お酒。冷酒・常温・燗にすべてよし。

〆張鶴<rt>しめはりつる</rt>　純米吟醸　純

五百万石精米歩合50% アルコール度数15%

[新潟県村上市　宮尾酒造]

　爽やかな風味で、淡麗辛口を代表する新潟
の日本酒。やわらかく、なめらかな口当たりで、
すし・和食に寄り添うような相性のタイプ。冷
酒・常温・燗にすべてよし。

日高見<rt>ひたかみ</rt>　超辛口　純米酒

ひとめぼれ精米歩合60% アルコール度数15%

[宮城県石巻市　平孝酒造<rt>ひらこう</rt>]

　すしや刺身と合わせて飲む事を意識した日本
酒。魚介類の相性が、とても良いタイプです。
冷酒・常温・燗のすべてよし。米の旨みがしっ
かりと出ている辛口です。

日出盛　金印　本醸造
（ひのでざかり）

五百万石他精米歩合70% アルコール度数15%
［京都伏見区　松本酒造］

　「原料に勝る技術なし」とした原料米への徹
底したこだわりがあります。飲み飽きしないスッ
キリとした淡麗辛口。キレの良さが特徴です。
冷酒・常温・燗にすべてよし。

フルーティーなタイプ──幅広くすし・和食に合うタイプ

　華やかな香りが特徴の日本酒です。リンゴ、オレンジ、バナナといっ
たフルーツの上品な香り。ほんのりと香る青草のハーブ、オレンジ
の果樹の花の香りもあります。ワインのようなフルーティーな風味が
ありますが、味わいは飲み口のキレが良くさっぱりとした味わいです。
吟醸酒、大吟醸、純米吟醸、純米大吟醸が該当します。

　軽い味わいの白身、イカ、タコ、貝類、光物のすしや刺身から、
中程度の味わいの白身のブリやノドグロ、赤身のマグロやカツオ
まで、幅広くすしや刺身に合うタイプの日本酒です。和食にも幅
広く相性が良いタイプと言えます。

　香りや風味の弱いすし・和食に合わせれば、華やかな香りが特
徴のフルーティーなタイプの日本酒ですので、その華やかな香りが
生きます。華やかな香りといっても、フレーバーの強いウイスキー
やバーボン、ジン、ラム、テキーラなどのドリンクの様な強さはあり
ません。

　すし・和食の香りや風味と同等レベルの香りの強さだからこそ、
喧嘩しない相性なのです。香りや風味の強いすしや和食と言って
も、洋食の様に、香りの強いスパイスやハーブ、バターや生クリー

ムを使用するわけではないので、香りや風味を持つすしや和食に合わせても日本酒の華やかな香りや風味をお互いに消し合う事もありません。

　すしや和食の華やかな香りや風味と、フルーティーなタイプの日本酒の華やかな香りを一緒に数多くの香りと風味を楽しめるといった相乗効果があります。

▍フルーティーなタイプに合う和食

イカとわけぎのぬた和え

　「ぬた」とは、カラシ酢味噌で和えた和食。味噌の旨味、酢の酸味、カラシの辛味のバランスが良い和食です。味噌・卵・みりん・日本酒・砂糖から作る柔らかい味わいの玉味噌を使用します。当然、日本酒を使用しますので、日本酒との相性が良くなります。イカは亜鉛が多いのですが、日本酒なら生臭くなりません。イカの代わりに、エビ、ワカメなどお好みの魚介でも美味しい料理です。ネギと玉ネギの雑種のわけぎの香り、カラシの風味、刻みユズの香りにも、華やかな香りのフルーティーなタイプの日本酒を合わせると、様々な香りと風味を楽しめます。

レタスと薄揚げの煮物

　シャキシャキとしたレタスの食感が新鮮なあっさりとした煮物です。レタスの青草の風味と、薄揚げの油と出汁の風味が、まろやかな甘味とフルーティーなタイプの日本酒の口当たりと同調します。

菜の花のカラシびたし

　菜の花のほろ苦さと青草の香
りを、スパイシーなカラシと出汁・
みりん・醤油でひたし包み込み
ます。青草の香り、カラシのスパ
イシーな風味。糸ガツオを添える
ことによりカツオの風味が増します。様々な香りと風味と、フルー
ティーなタイプの日本酒の華やかな香りが相乗効果で楽しめます。

カボチャ、サツマイモ、万願寺唐辛子の天ぷら

　フルーティーなタイプの日本酒が持つ華やかな香りと、カボチャ、
サツマイモの甘味を感じる風味のどちらの香りも楽しむことが出来
ます。万願寺唐辛子の青草の風味も同調します。

焼きナス

　焼くことにより、甘味が凝縮するナス。シンプルな料理ですが、
焼いた香ばしさ、添える白ネギ、ショウガ、木の芽、掛ける醤油
と様々な香りと風味がプラスされます。フルーティーなタイプの日
本酒が持つ華やかな香りも生きます。

出汁巻き卵

　卵と出汁の味わいを一緒に楽
しめる料理。ふわふわとした食感
とフルーティーなタイプの日本酒
のまろやかな口当たりが同調しま
す。シンプルゆえに、出汁の風味、
醤油の香り、添える大根の風味と一緒に、フルーティーなタイプ
の日本酒の華やかな香りを楽しめます。

ブリ大根

　ブリの旨味を大根に染み込ませる料理です。出汁、日本酒、みりん、醤油と調味料を使う為、日本酒と同調する要素が多くなります。木の芽の風味とユズの皮の香りを足します。

　ユズの香りはフルーティーなタイプの日本酒のオレンジやオレンジの果樹の花の香りと同調します。

▌フルーティーなタイプですし・和食におすすめの日本酒

醸し人九平次（かもしびとくへいじ）　純米大吟醸　雄町（おまち）

雄町精米歩合50%　アルコール度数15%
［愛知県名古屋市　萬乗醸造（ばんじょう）］

　柑橘系の香りが主体です。キリッとした酸味とまろやかなミネラル感のバランスが良いスタイル。酒米の雄町が持つ酸味は、酢の酸味と同調します。すしと相性の良い日本酒と酒蔵もおすすめしています。冷酒で。

獺祭（だっさい）　純米大吟醸　磨き二割三分（みがきにわりさんぶ）

山田錦精米歩合23%　アルコール度数16%
［山口県岩国市　旭酒造］

　純米大吟醸が一番美味しい酒という信念のもと、プライドを掛けて造る日本酒。独自の酒造りで、酒米を77%も削り、非常に透明感のある味わいです。リンゴやオレンジなどフルーティーな香りが心地よく広がります。冷酒で。

寫樂　純米吟醸　播州山田錦
しゃらく　　　　　　　　ばんしゅうやまだにしき

山田錦精米歩合50%　アルコール度数16%
［福島県会津若松市　宮泉銘醸］
　　　　　　　　　　　みやいずみ

　フルーティーで、まろやかな口当たりは、日本酒を飲み慣れていない人におすすめです。飲み飽きない味わいは、どんなすし・和食にも相性の良さを発揮します。冷酒で。

鳳凰美田　純米吟醸酒
ほうおうびでん

山田錦他精米歩合55%　アルコール度数16%
［栃木県小山市　小林酒造］

　低温で発酵させてフレッシュでフルーティーな香りを出しています。ワイングラスに注ぐと、華やかでフルーティーな香りがもっと広がります。冷酒か常温で。香りを楽しみたいのなら常温がおすすめです。

コクのあるタイプ──脂分を持つすし・和食に相性が良いタイプ

　米本来のふくよかな香りが特徴です。乳製品を思わせるまろやかな香りもあります。味わいも米本来の旨味を感じる事が出来、コクのある味わいです。ミネラルの風味も併せ持ちます。純米酒、特に生酛（きもと）や山廃（やまはい）のお酒がこのタイプです。（※生酛→乳酸菌を添加せずに自然の力だけで造る方法　山廃→蒸米と麹（こうじ）をすり潰さない作業）

　すしや刺身ですと、脂分を持ち、コクのあるタイプのキンメダイ、

ノドグロ、ブリの白身や、イワシ、サバの光物、マグロの赤身やサーモンと相性が良い日本酒です。コクのある味わいには、コクのあるタイプの日本酒をというペアリング法則です。日本酒をぬる燗から熱燗にしても、相性が良くなります。

┃コクのあるタイプに合う和食

ブリの照り焼き

　香ばしく甘辛い照り焼きのたれは、誰もが好きな味わいです。「TERIYAKI」と世界中でも人気のある料理スタイルとなっています。白身魚やサケなど色々な魚で出来ます。

　みりん・日本酒・醤油で作る黄金比のたれは、味噌を入れたり、ユズを入れたり、応用が利くのも魅力です。照り焼きたれは、白いご飯との相性が良いのも特徴です。

　白いご飯との相性が良いということは、米本来のふくよかな香りが特徴のコクのあるタイプの日本酒とも相性が良いと言えます。照り焼きたれのコクと日本酒のコクが同調します。

肉じゃが

　肉と野菜の旨味や甘味が一緒に楽しめる和食の定番の煮物料理です。肉と野菜から煮ることにより出てくるコクのある旨味と甘味を醤油、砂糖、みりんがまとめます。肉じゃがのコクのある味わいと日本酒のコクが同調。

カキの土手鍋

　旨味をたっぷりと含んだカキ。コクにつながる豊富なミネラル分、ミルクの様なまろやかさ、そして旨味を広げる塩味を併せ持つカキを鍋にします。塩味は日本酒の味を広げます。コクのある日本酒に、旨味をたっぷり持つカキは好相性。味噌を出汁に溶かすことにより、旨味が加えられ、熱が加わりカキの旨味も凝縮します。亜鉛が非常に多く、とても生臭くなりやすい食材ですが、日本酒であれば生臭くなりません。

アジのなめろう

　アジの脂分と旨味と味噌の風味がマッチした酒の肴に最適の和食。香味野菜に、あさつきとショウガ、大葉を叩き混ぜます。味噌のコク、香味野菜の様々な香りや風味とコクのあるタイプの日本酒が合います。酸化しやすい脂分を持つアジは生臭くなりやすいのですが、日本酒なら生臭くなりません。

サバの竜田揚げ

　酒のつまみに人気の料理です。サバの旨味、脂身の甘味を揚げて、凝縮した味わいにします。醤油、みりん、日本酒を使用したタレに、サバを漬けてしっかりとした味にします。

コクのある味わい、脂分の甘味、調味料の味わいが加わり、凝縮した味わいには、コクのあるタイプの日本酒と同調します。光物の魚のほか、白身魚や鶏肉でも作れます。

▌コクのあるタイプですし・和食におすすめの日本酒

而今　特別純米　火入れ

五百万石精米歩合60%　アルコール度数16%
[三重県名張市　木屋正酒造]

　米の甘味と旨味を充分に感じる事が出来ます。柑橘系の香り、渋味もある複雑な要素も持つ日本酒です。酸味がキレとなり、キレイにまとめます。冷酒・常温・燗にすべてよし。

七田　純米　七割五分磨き

山田錦精米歩合75%　アルコール度数17%
[佐賀県小城市　天山酒造]

　米の甘味、良質の米という事を感じさせる日本酒です。優しい甘味と上品な酸味がバランスよく広がります。余韻の長さも特徴です。常温か燗がおすすめです。

天狗舞 山廃仕込 純米酒

五百万石精米歩合60% アルコール度数16%
[石川県白山市 車多酒造]

　山廃仕込み特有の濃厚な味わいと、酸味の
調和がとれた個性豊かな純米酒です。冷酒か
ら燗まで、幅広い温度帯で楽しめますが、常
温かぬる燗がおすすめです。

熟成タイプ——脂分を多く持つすし・和食に相性が良いタイプ

　香りはスパイスやドライフルーツ、カラメルのような力強い熟成
香があります。熟成により、甘味、酸味、苦味がバランスよく合
わさった深い旨味のある日本酒です。どっしりとした飲みごたえが
あります。古酒、秘蔵酒、長期熟成酒が該当します。

　すしや刺身ですと、冬場の脂がのった寒ブリ、サンマ、マグロ
中トロや大トロ、イクラ、穴子など脂分を多く持つ濃い味わいと相
性がいいタイプです。日本酒を熱燗にすると、食材の脂分が、熱
燗の熱によって口で溶けて、まろやかになり、相性が良くなります。

▍熟成タイプに合う和食

牛肉そぼろ煮

　牛肉の旨味と牛肉の脂身の甘
味が、煮込むことにより凝縮さ
れる濃い味わいの和食。たまり
醤油、砂糖、日本酒、粉ガツオ
を使用することにより濃い味わい

となります。おろしショウガとユズの皮を添えて、風味を加えます。香りにスパイス香、カラメル香があり、深い旨味を持つどっしりとした飲みごたえのあるタイプの日本酒と同調します。牛肉の脂身も、熟成タイプの口当たりと同調。

豚肉の味噌漬け焼き

豚肉の旨味、脂身の甘味が魅力の人気の料理。旨味と甘味が口の中に広がり、どっしりとした熟成タイプの日本酒と好相性です。味噌のカラメルの香りとも同調し、焼くことにより香ばしさが立ち、なお相性がよくなります。

サケの味噌漬け焼き

豚肉の味噌漬け同様、味噌が熟成タイプの日本酒のカラメルの香りと同調して、なお相性がよくなります。サケの脂分と熟成の日本酒との口当たり、濃厚な味わいと日本酒が持つコクが同調します。1日以上味噌に漬け込む事により熟成感が生まれて来て、古酒の熟成感との相性も楽しめます。

ゴボウの酢漬け

焼き魚の口直しや箸休めにとてもいいゴボウの酢漬け。ゴボウの苦味、合わせ酢の材料の酢の酸味、醤油とみりんの熟成感、辛味の鷹の爪のスパイシー感が、熟成タイプの日本酒の要素と同調します。

▌熟成タイプですし・和食におすすめの日本酒

達磨正宗　熟成三年
だるままさむね

日本晴精米歩合70%　アルコール度数16%
[岐阜県岐阜市　白木恒助商店]
しらきつねすけ

　３年間、蔵の中で常温熟成させます。じっくりと熟成させてゆくうちに、段々と米由来のアミノ酸と糖分から美しい褐色となり、酒の味わいが丸くなります。ナッツやアーモンドような香り。クリーミーでふわっと甘味が口に広がります。常温かぬる燗がおすすめですが、暑い季節にはロックスタイルでも楽しめます。

ひこ孫　純米清酒

山田錦精米歩合55%　アルコール度数16%
[埼玉県蓮田市　神亀酒造]

　３年間の常温熟成で米の旨味、骨格のある味わいをしっかりと感じさせてくれます。後味にキレの良さがある心地よい熟成酒。常温から燗がおすすめです。燗することにより素晴らしい味わいを現します。

<ruby>小笹屋竹鶴<rt>おざさやたけつる</rt></ruby>　生酛　純米原酒

雄町精米歩合70%　アルコール度数20%

［広島県竹原市　竹鶴酒造］

　1年半熟成させることで酸味と米の旨味が凝
縮された、しっかりとした味わいの日本酒です。
燗をする事で、熟成香も広がります。ぬる燗か
熱燗がおすすめです。

2 焼酎とすし・和食の合わせ方

すし・和食との相性を考えて、焼酎の特徴を見る

　焼酎は日本酒に次ぎ、日本に古くからあるお酒です。当然、すし・和食と一緒に楽しまれ、すし・和食に相性がいい物と思われています。これから焼酎を科学的に分析して、すし・和食とのさらなる相性を見てみます。

　焼酎を大きく分けると2つの分類に分ける事が出来ます。本格焼酎と甲類焼酎です。

　本格焼酎は乙類焼酎とも呼ばれ、単式蒸留器で造ります。このため、単式蒸留焼酎とも呼ばれます。単式蒸留器で造ると、原材料の個性が良く出ます。米で造れば米の個性が、芋で造れば芋の個性が出た焼酎となります。

　本格焼酎は、原材料により、様々な焼酎が出来ます。

　麦焼酎の原料は麦で、主に二条大麦が使われます。

　米焼酎の原料は米で、ジャポニカ米が使われます。普段食べているご飯の米のうるち米を使います。日本酒で使われる酒造好適米が使われる事もあります。

　沖縄の本格焼酎の泡盛には、タイ米が使用されます。

　芋焼酎の原料は、芋ですがサツマイモとなります。コガネセンガンやムラサキマサリなど様々な品種のサツマイモが使われます。

　黒糖焼酎の原料は、サトウキビです。サトウキビから出来る黒糖を使って焼酎にします。

　他に、そば焼酎、じゃがいも焼酎、くり焼酎、玉ねぎ焼酎など、様々な原料から造る事が出来るのが、焼酎の特徴です。

これらの本格焼酎に対して甲類焼酎は、穀類や糖蜜などの原料で、連続式蒸留器を使って造ります。このため、連続式蒸留焼酎とも呼ばれます。連続式蒸留器で造ると、無味無臭の焼酎となります。酎ハイなど、焼酎と炭酸やレモン等の果実味のする酒のように無味無臭の焼酎の方がいい場合に使われます。甲類焼酎は、無味無臭ですので、当然、すし・和食との相性が良いと言えます。

　様々な原料から造られる焼酎ですが、焼酎を全般的にとらえ、すし・和食との相性を考えて科学的にお話します。

焼酎の鉄分の含有量

　焼酎に含まれる鉄分は 100g あたりの数値が出ない程、ゼロに近い数値になります。生臭みの原因となる鉄分をほとんど含んでいないのです。このことから、すし・和食と合わせても生臭くならないお酒と言えます。

すし・和食の繊細な味わいを消さない味わいの焼酎

　焼酎は蒸留酒です。蒸留酒とは、まず醸造してお酒を造ります。その醸造酒を熱して出て来るアルコール蒸気を冷やして再び、液体にしたお酒です。水分を飛ばして造るので、当然アルコール度数が高くなります。加水してアルコール度数を調整している焼酎は 20%や 25%、泡盛で 35%、加水しないで原酒で出荷した物は 40%です。

　アルコール度数が 20%を超えているので、アルコール度数が高いお酒と言えます。しかし、飲み方が色々と出来るお酒ですので、アルコール度数を下げる事が出来ます。

　水割り、ソーダ割り、お湯割り、お茶割り、ウーロン割り、ロック、ストレートなどなどです。45ml の焼酎を、水やお湯などの割り物

45mlで割ると、アルコール度数は1/2になりますので25%の焼酎なら12.5%、40%の焼酎なら20%です。45mlの焼酎を、水やお湯などの割り物90mlで割ると、アルコール度数は1/3になりますので25%の焼酎なら約8%、40%の焼酎なら約13%です。ロックでしたら、氷が溶けて水分になりますので、アルコール度数が下がっていきます。

　ストレートは、そのままですので、アルコール度数が20%を超え、すし・和食と合わせるには、あまりおすすめではありません。焼酎好きの人には、ストレートで味わうのは、たまらないと思いますが、すし・和食と合せる際にはロックや水割りなどにしてアルコール分を下げて楽しまれる事をおすすめします。

　焼酎は飲み方で、アルコール度数を低く出来ますので、低くすれば、焼酎も繊細な味わいを消さないお酒になります。

すし・和食と同調性のある焼酎

　焼酎には、原料により色々な種類があります。麦、米、そば、芋、黒糖など。その中で、すし・和食と同調性がある物は、すし飯やご飯で使う米と同じ原料の米焼酎です。米焼酎は、すしと同調性が高いと言えます。

　その次に、麦焼酎です。クセのない焼酎で、万人向けの焼酎です。スダチの果汁を掛けるすしダネや和食がありますので、米焼酎、麦焼酎にスダチやレモンを入れると、柑橘系の香りで、同調性が高くなります。

魚介類が持つ生臭みを包み込む焼酎の特徴（マスキング効果）

　すしダネや刺身が持つ生臭みを包み込む酒とは、アルコール度数が高い酒と言えます。

　前節で、すし・和食の繊細な味わいを消さないように軽い味わ

い、アルコール度数が低い酒を選ぶ事が大切だと言いました。その事に反対の事であると思われてしまいますが、生臭みを包み込むにはアルコール度数の高い酒をあえて選ぶ事があります。しかし高いといってもアルコール度数20%までが限度です。

　マスキング効果とは、生臭みを包み込み、生臭みを感じさせなくするという事です。前述のように鉄分をほとんど含まない焼酎は、酒として生臭みを感じさせる原因がありませんが、魚介には生臭みを感じさせるものがあります。そこでその時は、焼酎はアルコール度数20%までを気にしながら、水割りやソーダ割り、お湯割りやロックで、生臭みを包み込み楽しむ事が可能です。

　水割りよりお湯割りの方が、温度を活用してマスキング効果を高める事が出来ます。温度が高い方がマスキング効果が高まります。これからそれぞれの焼酎とすし・和食の相性をお話しますが、甲類焼酎に関しては、無味無臭な特徴を生かし、料理に合わせて割り物を変えられます。その意味で料理を選ばない焼酎ですので、本格焼酎を中心にお話を進めます。

麦焼酎

　麦焼酎には、大きくソフトなタイプとハードなタイプの2種類があります。まろやかな芳香とやさしい甘味、淡麗な味わいのソフトなタイプと、麦特有の香ばしい香りと濃厚な旨味を持つハードなタイプです。

　淡麗な味わいのソフトなタイプは飲み飽きしない味わいですので、万人に人気のある焼酎です。淡麗な味わいは、すし・和食との相性も良く、すしダネ全般・和食全般と合います。

　濃厚な旨味を持つハードなタイプは、脂分を多く持つブリやノドグロ、マグロやカツオ、サンマや穴子に合います。和食でしたら、濃い味わいの和食に合います。

麦焼酎は、水割りやソーダ割りにレモンやスダチなど柑橘類を入れて飲んだりしますので、柑橘のスダチなどを絞って掛けるすしダネや柑橘を使用した和食と同調します。

▌麦焼酎におすすめの和食

サンマの一夜干し

　サンマは酸化した脂分で生臭くなりやすい食材です。鉄分の含有量の多いドリンクと合わせると生臭くなりますが、麦焼酎であれば鉄分をほぼ含んでいませんので、生臭くなりません。焼いた時の香ばしさと麦焼酎の香ばしさが同調します。スダチやレモンを掛けても楽しめます。

サバすき

　甘めの出汁とサバの脂が合わさって、コクのある味わい豊かな鍋となります。出汁、日本酒、みりん、醤油、砂糖と複雑な味わいのスープにサバと野菜の味わいが溶けだします。水割りやソーダ割り、ロックの冷たいスタイルでもお湯割りでも楽しめます。

▌すし・和食に合うおすすめの麦焼酎

大分むぎ焼酎　二階堂（にかいどう）

[大分県速見郡日出町　二階堂酒造]

　昭和49年に麦100%の麦焼酎を発売。麦焼酎ブームの火付け役となります。選び抜かれた麦と自然水が、芳醇な香りとまろやかな口当たりを作ります。ソフトなタイプの麦焼酎です。

いいちこ長期熟成貯蔵酒

[大分県宇佐市　三和酒類]

　樽の長期熟成で黄金色となります。特徴の異なるふたつの樽で熟成します。長期熟成のスタイルですが、口当たりがマイルドで、甘く華やかな香りが口の中に広がります。食中酒として、バランスよく仕上げています。ソフトなタイプの焼酎です。

百年の孤独（ひゃくねんのこどく）

[宮崎県児湯郡高鍋町　黒木本店]

　黒木本店の傑作の麦焼酎。上品で力強く、樽から来るオークの香り、スモークの香りがあります。香ばしい麦の風味が凝縮。様々な風味が溶けあっています。アルコール度数が40度と高い為、すし・和食と合わせて楽しむには

水割りかお湯割りがおすすめです。水割りにすると麦の甘味が生まれ、お湯割りにするとコクが生まれます。ハードなタイプの麦焼酎ですので、脂分を多く持つすしダネや濃い味わいの和食に合います。

米焼酎

　一般に食べられている食用の米から造る事が多い米焼酎。当然、すし飯やご飯に使われる米との相性が良いと言えます。米の甘さが香る淡麗な味わいが特徴です。

　水割り、お湯割りで米の旨味が広がります。ご飯との同調性が高く淡麗な味わいですので、アルコール度数20%であればロックで飲んでも、すし・和食の味わいを消す事もありません。柑橘類のレモンやスダチを入れると、スダチを使用するすしダネや和食との同調性が高まります。すしダネ全般・和食全般に相性が良いのも特徴です。

▎米焼酎におすすめの和食

カニの刺身

　活けのカニが手に入ったら、ぜひ試してほしいのがお刺身です。カニ本来の甘み、プリプリとした食感が味わえます。カニは亜鉛が多い食材で、鉄分の多い酒を合わせてしまうと生臭くなってしまいますが、米焼酎であれば生臭くなりません。淡麗な味わいが特徴の米焼酎と、淡泊ながら甘みを持つカニは良く合います。

サケとキノコの炊き込みご飯

　米には米のペアリングです。米
焼酎の淡麗の甘みと出汁を吸っ
たご飯の甘みが同調します。魚
介を炊き込みご飯にする場合、
あらかじめ香ばしく焼いて具にす
ると生臭みなく仕上がります。

▌すし・和食におすすめの米焼酎

米蔵
こめぞう

[秋田県湯沢市　秋田県醸酵工業]

　「あきたこまち」を主体に造られる米焼酎。軽
い味わい、米の甘い香りがほのかに香ります。
食中酒として最適なやさしい味わいですので、
すしダネ全般・和食全般に相性がよい焼酎です。

黄桜　日々悠々　長期貯蔵
きざくら　ひびゆうゆう

[京都市伏見区　黄桜酒造]

　日本酒のメジャーブランドの黄桜が造る米
焼酎。米本来の旨味を引き出す、日本酒メー
カーの技術を活かして造っています。低温で長
期貯蔵して、オーク樽で熟成をします。その為、
ほのかな樽の香りと熟成から来る甘い香りがバ
ランスよく口の中で広がります。脂分を持つす
しダネ・濃い味わいの和食との相性が良いの
が特徴です。

芋焼酎

　芋焼酎の原料はサツマイモです。九州には桜島や阿蘇山がある影響で、火山性土壌の場所が多くあります。火山性土壌は米が育ちにくく、サツマイモへの依存が高くなっていきました。

　焼酎用として使われる主な品種は、ジョイホワイトという白いサツマイモと、コガネセンガンというやや黄色のサツマイモです。ジョイホワイトの特徴は、芋臭さのないフルーティーな香り、淡麗な味わい、まろやかな口当たりです。コガネセンガンは、風味が豊かで、余韻の長い味わいです。人気のある品種です。

　合わせる芋焼酎としてはマイルドなタイプが、すし・和食の味わいを消さないのでおすすめです。水割り、ソーダ割り、お湯割りがおすすめの飲み方です。

　芋の香りが強いタイプの芋焼酎ファンの方は、すし・和食を余韻まで楽しんで食べ切ってから、芋焼酎を飲むスタイルをおすすめします。

▍芋焼酎におすすめの和食

焼き長芋

　皮をむかずに作るステーキ風の長芋の焼き物です。日本酒とみりん、醤油で作った焼きダレで食します。長芋のシャキシャキとした食感と醤油の香ばしさを楽しみます。

サツマイモの煮物

　サツマイモの食材とサツマイモから造られる芋焼酎を合わせるペアリングです。ほっくりとしたサツマイモを、ほどよい甘さで仕

上げる上品な甘煮です。サツマイモの甘さと芋焼酎の甘さが相乗効果で口の中に広がります。

▍すし・和食におすすめの芋焼酎

三岳
<small>みたけ</small>

[鹿児島県熊毛郡屋久島　三岳酒造]

　やさしい香り、スッキリとしたクリアな軽い味わいが特徴。芋焼酎の初心者にも、おすすめの穏やかな味わいです。日本名水100選にも選ばれた、屋久島の水を使っています。料理と合わせやすいマイルドなスタイルなので、すし・和食との相性の良い芋焼酎です。

貴匠蔵
<small>きしょうぐら</small>

[鹿児島県鹿児島市　本坊酒造]

　黒麹と、かめ壺仕込みという薩摩の伝統的な製法で造られた芋焼酎です。黒麹を使用する事により、華やかな香りとコクのある味わいになります。かめ壺仕込みならではの、やわらかく溶け込んだ旨味と上品な芳香が特徴です。キレもありますので、食中にも向く芋焼酎です。脂分を持つすしダネ・濃い味わいの和食との相性がいい芋焼酎です。

久耀　貯蔵熟成
（くよう）

[鹿児島県西之表市種子島　種子島酒造]

　種子島特産の白センガン芋を使用している為、甘味がありコクのある味わいになります。白麹を使って、かめ壺で仕込みます。3年から5年貯蔵した熟成酒とその年の新酒をブレンド。天然深層水を使用して、まろやかな口当たりに、コクのある深い味わいに仕上げます。脂分を持つすしダネ・濃い味わいの和食との相性がいいです。

　ここまでに紹介した麦・米・芋以外にも、焼酎には様々な種類があります。すし・和食に相性の良い焼酎をご紹介します。

泡盛

瑞泉　青龍
（ずいせん）

[沖縄県那覇市　瑞泉酒造]

　泡盛の原料はタイ米です。米の成分とタイ米の成分が同調します。3年以上の古酒の泡盛です。口に含むと古酒ならではの、まろやかな甘味が広がります。アルコール度数が30％ですので、すし・和食には水割りやお湯割りがおすすめです。

▌泡盛におすすめの和食

小アジの南蛮漬け

　出汁、酢、醤油、みりん、砂糖、唐辛子を使用して作る南蛮酢は様々な味わいを持ちます。アジの脂分と旨味、南蛮酢と泡盛の相性はおすすめのペアリングです。

昆布焼酎

喜多里　本格昆布焼酎
<small>きたさと</small>

[北海道札幌市　札幌酒精工業]

　北海道　函館産の昆布を原料に造っている昆布焼酎。昆布の香りと風味が特徴の焼酎です。スッキリとした口当たりです。昆布出汁を使用するすし飯や和食との同調性が高まります。昆布締めのすしダネとの相性は尚、良くなります。

昆布焼酎におすすめの和食

昆布のつくだ煮

　箸休めにもいい昆布のつくだ煮です。出汁を取った後の昆布を水、醤油、みりん、砂糖、酢で作る煮汁で煮上げます。まろやかな昆布の味わいは、昆布焼酎と好相性です。

茶焼酎

<ruby>八十八夜<rt>はちじゅうはちや</rt></ruby>　茶焼酎

[静岡県富士宮市　富士錦酒造]

　お茶の産地で有名な静岡県産の茶葉と米を
原料にした本格お茶焼酎です。茶葉は八十八
夜摘みの新茶を使用している為、香りが強く茶
葉から出る甘味が特徴。もちろんすし・和食と
の相性は良く、すしダネ全般・和食全般に合
います。水割り、お湯割りがおすすめですが、
ロックでもすし・和食と相性がいい焼酎です。

▍茶焼酎におすすめの和食

五目うの花

　うの花とはおからのことです。
おからの独特の味わいを茶焼酎
がさっぱりとさせます。おからを
良く煎り上げると独特の臭みが抜
けます。

＊様々な種類の焼酎がありますので、すし・和食と合わせて気に
　入りの焼酎を見つけてみて下さい。

3 ウイスキー・ビール・スピリッツとすし・和食の合わせ方

すし・和食との相性を考えて、ウイスキーの特徴を見る

　ウイスキーには、スコッチウイスキーやジャパニーズウイスキー以外にも、とうもろこしが主原料のバーボンウイスキーや、ライ麦が主原料のライウイスキーなど、様々な種類があります。

　中でも、ウイスキーの原料は大麦、小麦が主体の物が、すし・和食には相性が良いと言えます。鉄分の含有量も極微量の為、数値となって表れない程、鉄分を含んでいない酒となります。このため、生臭くなりやすい魚介類に合わせてもウイスキーは生臭くなりません。すし・和食の繊細な味わいを消さないライトボディタイプが好相性です。

　アルコール度数が40%以上と高いお酒ですので、すし・和食と合わせるには、アルコール度数を下げるように、水割り、ソーダ割り、お湯割りがおすすめです。すし・和食との同調性を高める為に、ウイスキーの水割り、ソーダ割り、お湯割りにレモンやライムを入れると、スダチやカボス、レモンを使用するすし・和食との相性がさらに良くなります。

　すしダネ全般・和食全般に相性が良いのもウイスキーの特徴と言えます。すし・和食に相性の良いウイスキーをご紹介します。

▍すし・和食に合うおすすめのウイスキー

サントリー シングルモルトウイスキー　山崎12年

■ジャパニーズウイスキー

　繊細で上品なテイストのシングルモルトウイスキーです。繊細でいて複雑、深みのある味わいが特徴です。飲み飽きしないスタイルで、すしとの相性も良く、和食に合うウイスキーです。

ニッカウヰスキー 竹鶴ピュアモルト

■ジャパニーズウイスキー

　モルトの深いコクと味わい、やわらかな飲みやすさ、二つの魅力を併せ持っています。なめらかな口当たり、さわやかな余韻がすし・和食との相性を高めます。

バランタイン17年

■ブレンデッド スコッチウイスキー

　クリーミーな口当たり、樽の香りが上品に香ります。ブレンドをしている事で、バランスの取れた深い味わいがあります。長い余韻の中に潮の香りがあるので、すしや魚介を使用した和食との相性が良くなります。

シーバスリーガル ミズナラ 12年

■ブレンデッド スコッチウイスキー

　芸術的な日本の伝統文化と日本のウイスキーづくりへの賞賛を込め、日本のウイスキーファンの為に、選りすぐりの原酒を日本原産の希少なミズナラ樽で仕上げています。なめらかで芳醇な味わいに、繊細でほのかにスパイシーな風味が加わった、すしや和食全般との相性も良いウイスキーです。

■ウイスキーにおすすめの和食

切り干し大根

　和食のおかずの定番です。歯ごたえを残すよう短時間で煮上げると、シャキシャキとした食感が楽しめます。大根の甘み、ほのかな苦味がウイスキーと好相性です。

イカと大根の煮物

　イカの旨味の煮汁を吸い込んだ大根。旨味とほのかな苦味がウイスキーと合います。イカは亜鉛を多く含んでいますので、生臭くなりやすい食材ですが、ウイスキーであれば生臭くなりません。

アジの塩焼き

　アジをフライパンで焼くと身は
ふっくらとして、アジの旨味も十
分に味わえます。

　焼いた時の香ばしさ、備え付
けの大根おろしの苦味、スダチ
やレモンがウイスキーと同調します。

すし・和食との相性を考えてビールの特徴を見る

　黒ビールや苦味の強いビール、甘いフルーツビールは、繊細な
すし・和食の味わいを消してしまうので、あまりおすすめではあり
ません。それ以外のビールであれば、アルコール度数も低く、鉄
分の含有量も少ないので生臭くならず、すし・和食との相性が良
い酒となります。

　ビールは銘柄に好みのある人が多いので、あえてこの項目では
「おすすめのビール」はご紹介しませんでした。自分の好みで、
すし・和食と楽しむ事をおすすめします。すし・和食とビールの
相性を以下にまとめてみましたので、参考にして頂ければと思い
ます。

1.生臭くならない。

　ビールの鉄分含有量は、100g中0.1mg以下とワインの鉄分含
有量の1/3〜1/4と少ないので、すしや刺身と合わせても生臭く
ならない酒です。

2.繊細な味わいを消さない。

　ビールの平均的なアルコール度数は5％前後です。ビールはア

ルコール度数の低いお酒ですので、繊細な味わいを消しません。

3.すし・和食との同調性を高める

　ライトな味わいのビールで、柑橘系の香りのあるビールがあります。これはスダチの果汁を掛けるすしダネと同調します。ビールにスダチの果汁を少しだけ入れて飲むのも、同調性が高まるので、おすすめです。かつて、コロナビールのボトルに、櫛切りにしたライムを沈めて飲むスタイルが人気を集めましたが、こうした飲み方もすし・和食との同調性を高める飲み方です。

▌ビールにおすすめの和食

スナップエンドウと
ホタテの豚肉巻き

　ビールには枝豆と言う方が多いと思います。もちろん枝豆は好相性ですが、スナップエンドウを使った料理もおすすめです。豚肉で巻いた旨味いっぱいのホタテと優しい味わいを持つスナップエンドウがビールと合います。

ハマグリのバター焼き

　ぷっくりとしたハマグリの身にバターの風味が溶け込んで、ハマグリの旨味が十分に味わえます。三つ葉を加えると爽やかな香りも楽しめます。ハマグリは亜鉛を多く含み生臭くなりやすい食材ですが、ビールなら生臭くなりません。

筑前煮

鶏肉と根菜の滋味が混然一体となった味わいが魅力の煮物です。煮汁に使用する出汁、醤油、みりん、砂糖や、干しシイタケ、鶏肉、コンニャク、レンコン、ゴ

ボウ、ニンジン、サトイモと様々な味わいが混在する和食です。

冷えたビールで様々な味を味わい、流し込むといった事で楽しめます。

すし・和食との相性を考えて、スピリッツの特徴を見る

スピリッツとは、ジン、ウォッカ、ラム、テキーラ、アクアビットなど蒸留して造られた無色透明のドリンクです。原料により特徴が出ます。アルコール度数も40度以上で、高アルコールの酒になります。日本の焼酎もアルコール度数が低い物があるものの、ジャパニーズ・スピリッツと呼べます。

日本人になじみのあるスピリッツといえばジンやウォッカで、居酒屋で提供されるジントニックやウォッカトニックなどのカクテルだと思います。

▎すし・和食におすすめのスピリッツ

ウォッカトニック

ウォッカは大麦、小麦、ライ麦、トウモロコシなどの穀類やジャガイモなどが主原料です。なかにはブドウやミルクから造るウォッカもあります。無味無臭が特徴で、カクテルのベースになったり、

ジュース等とも合わせやすいのも特徴です。日本の甲類焼酎も同じ特徴があります。

ウォッカトニックは、ウォッカ、トニックウォーター、ライムやレモンで作ります。無味無臭が特徴のウォッカですので、トニックの爽やか味わいとライムやレモンの酸味がすし・和食との相性を良くします。すし・和食もスダチやカボス、レモンを使用すると尚、相性が良くなります。

ジントニック・ジンソーダ

ジンも大麦、ライ麦などの穀類やジャガイモなどを主原料にしますが、ジュニパーベリー（西洋ネズ)というヒノキ科の木の松かさを乾燥した物で、香り付けをするのが特徴です。爽快なハーブの様な香りで食欲を増します。

トニックウォーターやソーダの炭酸飲料で割り、ライムやレモンを入れて飲むスタイルが有名です。爽やかハーブの様な香りと、ライム、レモンの香りが、スダチやカボス、ユズを使用したすし・和食と同調します。

現在、日本でもオリジナルのジンであるクラフトジンを造る所があります。

ショウガや山椒等の日本のスパイスで香り付けするなど、和食との相性も意識して造られていますので、おすすめです。

▌すし・和食におすすめのジャパニーズジン

サントリー　ジャパニーズジン　翠（すい）

　日本人の味覚に合うユズ、緑茶、ショウガ
の和素材を原料に使用している為にすし・和
食の美味しさを引き立てます。

▌ウォッカトニック、ジントニック、ジンソーダにおすすめの和食

アマダイの幽庵焼き（ゆうあん）

　幽庵焼きとは、ユズやカボス
の柑橘の香りを加えた合わせ調
味料に魚介を漬け込んで焼く焼
き物のことです。ユズやカボスの
柑橘の香りと、ドリンクに入れる
ライムやレモンの香りが同調します。

トマト鍋

　トマト鍋の出汁は和風ベースの出汁、醤油、みりん、トマトピューレです。洋風仕立てになりますので、洋風の酒を合わせます。熱々のトマト鍋の食材を口にした後、キンキンに冷えた酒はたまりません。トマトの酸味と酒に入れるライムやレモンの酸味が同調します。

▍すし・和食におすすめの梅酒

　梅酒は焼酎やブランデーに梅を漬け込んで、砂糖で甘さを付けるリキュールです。スピリッツの分類に入りませんが、女性に人気のドリンクで、すし店、和食店、居酒屋にも必ず置いてありますので、ここでご紹介しておきましょう。

　アルコール度数も15%位ですので、ロックでもすし・和食と一緒に楽しむことが出来ます。人気の飲み方はソーダ割りです。ソーダ割りにするとアルコール度数がビールの度数と同じ位になりますので、特にすし・和食におすすめとなります。

The CHOYA AGED 3YEARS

　梅酒のトップブランドのチョーヤが造る国際コンクール受賞の梅酒です。紀州産南高梅100%使用。じっくり3年間熟成させた趣あるブランデーのような重厚な香り。まろやかでありながら複雑な余韻が特徴です。

河内ワイン　七宝福梅　特製原酒

　大阪のワイナリー「河内ワイン」が造る特製の梅酒。青梅で仕込んだ梅酒と、完熟梅で仕込んだ梅酒、そして20年以上熟成させた梅原酒をブレンドした贅沢な造りです。

　芳醇でいて甘味、酸味、熟成感が複雑に溶け込んでいます。

▌梅酒におすすめの和食

イワシの梅煮

　梅酒にはやはり梅を使った和食が合います。梅の爽やかな酸味が光り物のイワシの生臭みを和らげます。

【資料】

ワインで楽しむ
「すしダネ」チャート

　本書では、すし店では、すしはコースの流れで、強弱の
アクセントを付けながら、提供されているとお話しました。
しかし、お客様の好みも様々で、好きなすしダネを何度も
召し上がる方もいれば、好きなすしダネをほんの数カンだ
け楽しむ方もいます。

　そんな時に、オーダーしたすしダネにはどんな特徴があ
るのか、知っておくといい場合もあると思います。
そこで、代表的なすしダネの特徴をチャート式にしてみま
した。生臭くなりやすい要素の、鉄分が多いのか、亜鉛
が多いのか、酸化しやすい脂分が多いのか、表示してい
ます。

　すしに付け合わせる物により、ワインとの同調性が高く
なるのかも大切な要素です。すしの味の濃さによって、合
うワインのタイプも変わってきます。

　チャートの下に行くと、そのすしダネにどんなタイプのワ
インが相性がいいのかが、わかります。そして、すしダネ
に相性の良いぶどう品種、おすすめの一本も表示しました。

　すしとワインを楽しむ際の参考資料として、活用してい
ただければ幸いです。

すしダネ
アジ

	生臭み度	生臭み	生臭くなり やすい基準値
鉄分	3.5	少ない	5.5以上
亜鉛	1.75	少ない	3.25以上
酸化やすい脂分	3.5	多い	3.5以上

※タイの鉄分含有量、生臭み度を1とした数値

味の濃さ（0軽〜15中〜30重）	4

付け加える物（薬味など）		
醤油	青ねぎ	エシャレット
わさび	しょうが	すだち
白ねぎ	みょうが	

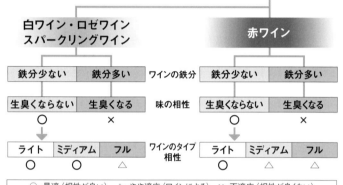

○=最適（相性が良い） △=やや適応（ワインによる） ×=不適応（相性が良くない）

鉄分と亜鉛の含有量が少ないアジですが、酸化しやすい脂分を多く持つので、鉄分の少ない
ワインを合わせます。
薬味を多用するアジです。白ワインなら、絞り掛けるすだちに、同調するライムやレモンの香り
のするワインがおすすめです。
ねぎには、グリーンハーブ系のディルやフェンネルの香りを持つワインと同調します。
しょうが・みょうが・エシャレットには、しょうがの香りを持つソーヴィニヨン・ブランが相性がいいです。
赤ワインでしたら、軽い味わいのアジですので、ライトボディの赤ワインまでがおすすめです。

相性のいい品種			
白ワイン			赤ワイン
甲州	ガルガネーガ	若飲みシャルドネ	若飲みピノ・ノワール
デラウエア	ソーヴィニヨン・ブラン	セミヨン	マスカットベリー A
アルバリーニョ	ピノ・グリ	シャンパーニュ	ガメイ
スパークリングワイン	ピノ・ブラン	ケルナー	
ミュスカデ	グリューナ・ヴェルトリーナ		
トレッビアーノ	ロゼ・ワイン		

おすすめの1本　ドメーヌ ミショー トゥレーヌ ソーヴィニヨン・ブラン

すしダネ

マダイ・カスゴダイ

	生臭み度	生臭み	生臭くなり やすい基準値
鉄分	1.0	少ない	5.5以上
亜鉛	1.0	少ない	3.25以上

※タイの鉄分含有量、生臭み度を1とした数値

味の濃さ (0軽〜15中〜30重)	6

付け加える物 (薬味など)

醤油　　わさび　　塩
すだち　昆布じめ　ゆず皮

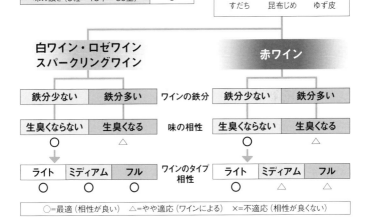

○=最適 (相性が良い)　△=やや適応 (ワインによる)　×=不適応 (相性が良くない)

鉄分と亜鉛の含有量が、特に少なく、生臭くなりにくい基準となるすしダネです。
意外と脂分の含有量が多く (酸化しにくい脂分)、昆布じめにしたマダイなら、フルボ
ディのミネラリーな白ワイン、ライトボディの赤ワインまで、おすすめです。
塩で食べるなら、塩味のある白ワイン、すだちを絞り掛けるなら、ライムやレモンの香り
のする白ワインが同調します。

相性のいい品種			
白ワイン			赤ワイン
甲州	ピノ・グリ	ケルナー	若飲みピノ・ノワール
デラウエア	ピノ・ブラン	樽熟シャルドネ	マスカットベリー A
アルバリーニョ	グリューナ・ヴェルトリーナ	樽熟ソーヴィニヨン・ブラン	ガメイ
スパークリングワイン	ロゼ・ワイン	リースリング	
ミュスカデ	若飲みシャルドネ	シュナン・ブラン	
トレッビアーノ	セミヨン	ヴィオニエ	
ガルガネーガ	シャンパーニュ	樽熟シャンパーニュ	
ソーヴィニヨン・ブラン	フルボディ・スパークリングワイン		

おすすめの1本	高畠バリック シャルドネ樫樽熟成

すしダネ

マグロ（赤身）

	生臭み度	生臭み	生臭くなり やすい基準値
鉄分	5.5	多い	5.5以上
亜鉛	1.0	少ない	3.25以上

※タイの鉄分含有量、生臭み度を1とした数値

味の濃さ（0軽〜15中〜30重）	5

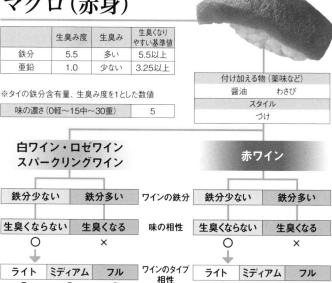

付け加える物（薬味など）	
醤油	わさび
スタイル	
づけ	

白ワイン・ロゼワイン スパークリングワイン				赤ワイン		
鉄分少ない	鉄分多い		ワインの鉄分	鉄分少ない	鉄分多い	
生臭くならない	生臭くなる		味の相性	生臭くならない	生臭くなる	
○	×			○	×	
ライト	ミディアム	フル	ワインのタイプ 相性	ライト	ミディアム	フル
○	○	○		○	△	△

○=最適（相性が良い）　△=やや適応（ワインによる）　×=不適応（相性が良くない）

鉄分が多いすしダネの基準となるマグロです。鉄分の少ないワインを合わせます。
赤身は、脂分が少なく、白ワインでしたらフルボディのワインまで合わせる事が出来ます。赤ワインでしたらライトボディのワインまでが、おすすめです。
づけにする事により、味わいが増しますので、赤ワインとの相性も良くなります。

相性のいい品種			
白ワイン			赤ワイン
甲州	ピノ・グリ	ケルナー	若飲みピノ・ノワール
デラウエア	ピノ・ブラン	樽熟シャルドネ	マスカットベリー A
アルバリーニョ	グリューナ・ヴェルトリーナ	樽熟ソーヴィニヨン・ブラン	ガメイ
スパークリングワイン	ロゼ・ワイン	リースリング	
ミュスカデ	若飲みシャルドネ	シュナン・ブラン	
トレッビアーノ	セミヨン	ヴィオニエ	
ガルガネーガ	シャンパーニュ	樽熟シャンパーニュ	
ソーヴィニヨン・ブラン	フルボディ・スパークリングワイン		

おすすめの1本	シャトー マルス カベルネ・ベーリー A 穂坂収穫

マグロ（中トロ）

	生臭み度	生臭み	生臭くなり やすい基準値
鉄分	8.0	多い	5.5以上
亜鉛	1.25	少ない	3.25以上

※タイの鉄分含有量、生臭み度を1とした数値

味の濃さ（0軽〜15中〜30重）	24

付け加える物（薬味など）	
醤油	わさび
スタイル	
あぶり	

白ワイン・ロゼワイン スパークリングワイン				赤ワイン	
鉄分少ない	鉄分多い	ワインの鉄分	鉄分少ない	鉄分多い
生臭くならない	生臭くなる	味の相性	生臭くならない	生臭くなる
○	×		○	×
ライト	ミディアム	フル	ワインのタイプ 相性	ライト	ミディアム	フル
○	○	○		○	○	△

○=最適（相性が良い）　△=やや適応（ワインによる）　×=不適応（相性が良くない）

赤身より鉄分が増します。脂分も多くなりますので、赤ワインでしたら、ミディアムボ
ディのワインまで、合わせる事が出来ます。
特に脂分の乗っている冬場の中とろでしたら、あぶる事により、スモーキーさが出ます
ので、樽熟の赤ワインにも合わせる事が出来ます。

相性のいい品種			
白ワイン		赤ワイン	
甲州 デラウエア アルバリーニョ スパークリングワイン ミュスカデ トレッビアーノ ガルガネーガ ピノ・グリ ピノ・ブラン グリューナ・ヴェルトリーナ ロゼ・ワイン 若飲みシャルドネ	セミヨン シャンパーニュ フルボディ・スパークリングワイン ケルナー 樽熟シャルドネ 樽熟ソーヴィニヨン・ブラン リースリング シュナン・ブラン ヴィオニエ 樽熟シャンパーニュ ゲヴュルツトラミネル	若飲みピノ・ノワール マスカットベリー A ガメイ サンジョベーゼ モンテプルチアーノ バルベーラ 樽熟ピノ・ノワール 若飲みカベルネ・ ソーヴィニヨン 若飲みメルロー	シラー グルナッシュ ジンファンデル カベルネ・フラン カリニャン テンプラニーリョ ネッビオーロ ムールヴェドル マルベック

おすすめの1本	ブラゾン ド オーシエール

すしダネ

マグロ（大トロ）

	生臭み度	生臭み	生臭くなり やすい基準値
鉄分	8.0	多い	5.5以上
亜鉛	1.25	少ない	3.25以上

※タイの鉄分含有量、生臭み度を1とした数値

味の濃さ（0軽〜15中〜30重）	28

付け加える物（薬味など）	
醤油	わさび
スタイル	
あぶり	

白ワイン・ロゼワイン **スパークリングワイン**		**赤ワイン**	
鉄分少ない	鉄分多い	**ワインの鉄分**	鉄分少ない	鉄分多い
生臭くならない	生臭くなる	**味の相性**	生臭くならない	生臭くなる
○	×		○	×
ライト	ミディアム	フル	**ワインのタイプ** **相性**	ライト	ミディアム	フル
△	○	○		○	○	○

○=最適（相性が良い）　△=やや適応（ワインによる）　×=不適応（相性が良くない）

中トロより脂分も多くなります。すしダネで一番の味の濃さを持ちます。赤ワインでしたら、フルボディのワインまで、合わせる事が出来ます。
特に脂分の乗っている大トロでしたら、あぶる事により、スモーキーさが出ますので、樽熟赤ワインで渋さを持つカベルネ・ソーヴィニヨンやメルローにも合わせる事が出来ます。
しかし、味の濃さを持っていますので、ライトボディの白ワインを合わせてしまうとワインの味わいを消してしまうので、注意が必要です。

相性のいい品種			
白ワイン		**赤ワイン**	
若飲みシャルドネ	シュナン・ブラン	若飲みピノ・ノワール	グルナッシュ
セミヨン	ヴィオニエ	マスカットベリー A	ジンファンデル
シャンパーニュ	樽熟シャンパーニュ	ガメイ	カベルネ・フラン
フルボディ・スパークリングワイン	ゲヴュルツトラミネル	サンジョベーゼ	カリニャン
ケルナー		モンテプルチアーノ	テンプラニーリョ
樽熟シャルドネ		バルベーラ	ネッビオーロ
樽熟ソーヴィニヨン・ブラン		樽熟ピノ・ノワール	ムールヴェドル
リースリング		若飲みカベルネ・ソーヴィニヨン	マルベック
		若飲みメルロー	樽熟カベルネ・ソーヴィニヨン
		シラー	樽熟メルロー　渋み強

おすすめの1本	レ フィエフ ド ラグランジュ

ヒラメ・カレイ

	生臭み度	生臭み	生臭くなり やすい基準値
鉄分	1.0	少ない	5.5以上
亜鉛	2.0	少ない	3.25以上

※タイの鉄分含有量、生臭み度を1とした数値

味の濃さ (0軽〜15中〜30重)	2

付け加える物（薬味など）

醤油　　　塩　　　昆布じめ
わさび　　すだち

白ワイン・ロゼワイン スパークリングワイン		赤ワイン	
鉄分少ない	鉄分多い	鉄分少ない	鉄分多い

ワインの鉄分

生臭くならない	生臭くなる	生臭くならない	生臭くなる
○	△	○	△

味の相性

ライト	ミディアム	フル	ライト	ミディアム	フル
○	○	△	△	△	△

ワインのタイプ相性

○=最適（相性が良い）　△=やや適応（ワインによる）　×=不適応（相性が良くない）

鉄分と亜鉛の含有量が、特に少なく、生臭くなりにくいすしダネです。
昆布じめにしたヒラメ・カレイやエンガワの部分でしたら、味の濃さが増すのでミディアムボディの白ワインもおすすめです。
塩で食べるなら、塩味のある白ワイン、すだちを絞り掛けるなら、ライムやレモンの香りのする白ワインが同調します。

相性のいい品種		
白ワイン		
甲州	ガルガネーガ	若飲みシャルドネ
デラウエア	ソーヴィニヨン・ブラン	セミヨン
アルバリーニョ	ピノ・グリ	シャンパーニュ
スパークリングワイン	ピノ・ブラン	フルボディ・スパークリングワイン
ミュスカデ	グリューナ・ヴェルトリーナ	ケルナー
トレッビアーノ	ロゼ・ワイン	

おすすめの1本　　　　グレイス 甲州

すしダネ
イカ類

	生臭み度	生臭み	生臭くなり やすい基準値
鉄分	0.5	少ない	5.5以上
亜鉛	4.75	多い	3.25以上

※タイの鉄分含有量、生臭み度を1とした数値

味の濃さ（0軽〜15中〜30重）	3

付け加える物（薬味など）

醤油　　しょうが　　すだち
わさび　　塩

白ワイン・ロゼワイン スパークリングワイン			ワインの鉄分	赤ワイン		
鉄分少ない	鉄分多い		ワインの鉄分	鉄分少ない	鉄分多い	
生臭くならない	生臭くなる		味の相性	生臭くならない	生臭くなる	
○	×			○	×	
ライト	ミディアム	フル	ワインのタイプ 相性	ライト	ミディアム	フル
○	○	△		△	△	△

○=最適（相性が良い）　△=やや適応（ワインによる）　×=不適応（相性が良くない）

淡白な味わいのイカですが、意外と亜鉛の含有量が多く、生臭くなりやすいすしダネです。
鉄分の多いワインを合わせてしまうと生臭くなりますので、注意が必要です。
塩で食べるなら、塩味のある白ワイン、すだちを絞り掛けるなら、ライムやレモンの香りのする白ワインが同調します。
タコも、イカと同じく淡白な味わいですが、亜鉛の含有量が多く、生臭くなりやすいすしダネです。

相性のいい品種		
白ワイン		
甲州	ガルガネーガ	若飲みシャルドネ
デラウエア	ソーヴィニヨン・ブラン	セミヨン
アルバリーニョ	ピノ・グリ	シャンパーニュ
スパークリングワイン	ピノ・ブラン	フルボディ・スパークリングワイン
ミュスカデ	グリューナ・ヴェルトリーナ	ケルナー
トレッビアーノ	ロゼ・ワイン	

おすすめの1本	ルバイヤート 甲州シュール・リー

すしダネ

ホタテ貝柱

	生臭み度	生臭み	生臭くなり やすい基準値
鉄分	1.0	少ない	5.5以上
亜鉛	4.50	多い	3.25以上

※タイの鉄分含有量、生臭み度を1とした数値

味の濃さ（0軽〜15中〜30重）	1

付け加える物（薬味など）
醤油　　　わさび　　　のり

白ワイン・ロゼワイン スパークリングワイン

鉄分少ない	鉄分多い	ワインの鉄分
生臭くならない	生臭くなる	味の相性
○	×	

ライト	ミディアム	フル	ワインのタイプ 相性
○	○	△	

赤ワイン

鉄分少ない	鉄分多い
生臭くならない	生臭くなる
○	×

ライト	ミディアム	フル
△	△	△

○＝最適（相性が良い）　△＝やや適応（ワインによる）　×＝不適応（相性が良くない）

淡白な味わいのホタテ貝柱ですが、意外と亜鉛の含有量が多く、生臭くなりやすいすしダネです。
鉄分の多いワインを合わせてしまうと生臭くなりますので、注意が必要です。
淡白な味わいですので、ライトボディのワインがおすすめです。

相性のいい品種		
白ワイン		
甲州	ガルガネーガ	若飲みシャルドネ
デラウエア	ソーヴィニヨン・ブラン	セミヨン
アルバリーニョ	ピノ・グリ	シャンパーニュ
スパークリングワイン	ピノ・ブラン	フルボディ・スパークリングワイン
ミュスカデ	グリューナ・ヴェルトリーナ	ケルナー
トレッビアーノ	ロゼ・ワイン	

おすすめの1本	アルガブランカ クラレーザ甲州

アカ貝

	生臭み度	生臭み	生臭くなり やすい基準値
鉄分	25.0	多い	5.5以上
亜鉛	3.75	多い	3.25以上

※タイの鉄分含有量、生臭み度を1とした数値

味の濃さ（0軽～15中～30重）	2

付け加える物（薬味など）
醤油　　　　わさび

白ワイン・ロゼワイン スパークリングワイン				赤ワイン		
鉄分少ない	鉄分多い	ワインの鉄分		鉄分少ない	鉄分多い	
生臭くならない	生臭くなる	味の相性		生臭くならない	生臭くなる	
○	×			○	×	
ライト	ミディアム	フル	ワインのタイプ 相性	ライト	ミディアム	フル
○	○	△		△	△	△

○=最適（相性が良い）　△=やや適応（ワインによる）　×=不適応（相性が良くない）

非常に鉄分の含有量の多いすしダネです。しかも亜鉛の含有量も多く特に生臭く
なりやすいすしダネですので、鉄分の少ないワインを合わせる必要があります。
人間と同じヘモグロビンという色素を持ちます。別名「血貝」とも呼ばれています。
その為、生臭くなりやすいのです。

相性のいい品種		
白ワイン		
甲州	ガルガネーガ	若飲みシャルドネ
デラウエア	ソーヴィニヨン・ブラン	セミヨン
アルバリーニョ	ピノ・グリ	シャンパーニュ
スパークリングワイン	ピノ・ブラン	フルボディ・スパークリングワイン
ミュスカデ	グリューナ・ヴェルトリーナ	ケルナー
トレッビアーノ	ロゼ・ワイン	

おすすめの1本	深川ワイナリー デラウェア

すしダネ

煮ハマグリ

	生臭み度	生臭み	生臭くなり やすい基準値
鉄分	10.5	多い	5.5以上
亜鉛	4.25	多い	3.25以上

※タイの鉄分含有量、生臭み度を1とした数値

味の濃さ（0軽〜15中〜30重）	4

付け加える物（薬味など）
醤油　　　　　煮つめ わさび　　　　ゆず皮

白ワイン・ロゼワイン **スパークリングワイン**				**赤ワイン**		
鉄分少ない	鉄分多い		ワインの鉄分	鉄分少ない		鉄分多い
生臭くならない	生臭くなる		味の相性	生臭くならない		生臭くなる
○	×			○		×
ライト	ミディアム	フル	ワインのタイプ 相性	ライト	ミディアム	フル
○	○	△		△	△	△

○=最適（相性が良い）　　△=やや適応（ワインによる）　　×=不適応（相性が良くない）

鉄分の含有量の多いすしダネです。しかも亜鉛の含有量も多く特に生臭くなりやすいすしダネですので、鉄分の少ないワインを合わせる必要があります。
煮つめを塗る事で、味の濃さが増します。
ふりゆずと言って、ゆず皮をおろして削って、ふりかけるので、柑橘系の香りのあるワインに同調します。

相性のいい品種		
白ワイン		
甲州	ガルガネーガ	若飲みシャルドネ
デラウエア	ソーヴィニヨン・ブラン	セミヨン
アルバリーニョ	ピノ・グリ	シャンパーニュ
スパークリングワイン	ピノ・ブラン	フルボディ・スパークリングワイン
ミュスカデ	グリューナ・ヴェルトリーナ	ケルナー
トレッビアーノ	ロゼ・ワイン	

おすすめの1本	レ・マルスーレ ピノ・グリージョ テレザ・ライツ

すしダネ
ツブ貝

	生臭み度	生臭み	生臭くなり やすい基準値
鉄分	6.5	多い	5.5以上
亜鉛	3.0	少ない	3.25以上

※タイの鉄分含有量、生臭み度を1とした数値

味の濃さ（0軽〜15中〜30重）	1

付け加える物（薬味など）

醤油　　　　塩
わさび　　　すだち

白ワイン・ロゼワイン スパークリングワイン		赤ワイン	
鉄分少ない	鉄分多い	鉄分少ない	鉄分多い
生臭くならない	生臭くなる	生臭くならない	生臭くなる
○	×	○	×
ライト｜ミディアム｜フル		ライト｜ミディアム｜フル	
○　　○　　△		△　　△　　△	

（中央列ラベル：ワインの鉄分／味の相性／ワインのタイプ相性）

○=最適（相性が良い）　△=やや適応（ワインによる）　×=不適応（相性が良くない）

淡白な味わいのツブ貝ですが、鉄分の含有量が多く、生臭くなりやすいすしダネです。
鉄分の多いワインを合わせてしまうと生臭くなりますので、注意が必要です。
塩で食べるなら、塩味のある白ワイン、すだちを絞り掛けるなら、ライムやレモンの香りのする白ワインが同調します。

相性のいい品種		
白ワイン		
甲州	ガルガネーガ	若飲みシャルドネ
デラウエア	ソーヴィニヨン・ブラン	セミヨン
アルバリーニョ	ピノ・グリ	シャンパーニュ
スパークリングワイン	ピノ・ブラン	フルボディ・スパークリングワイン
ミュスカデ	グリューナ・ヴェルトリーナ	
トレッビアーノ	ロゼ・ワイン	

おすすめの1本	安心院（あじむ）ワイン　ソーヴィニヨン・ブラン

すしダネ
カズノコ

	生臭み度	生臭み	生臭くなり やすい基準値
鉄分	2.0	少ない	5.5以上
亜鉛	3.25	多い	3.25以上

※タイの鉄分含有量、生臭み度を1とした数値

味の濃さ（0軽～15中～30重）	4

付け加える物（薬味など）
醤油　　　　だし わさび　　　のり

白ワイン・ロゼワイン スパークリングワイン				赤ワイン		
鉄分少ない	鉄分多い	ワインの鉄分	鉄分少ない	鉄分多い		
生臭くならない	生臭くなる	味の相性	生臭くならない	生臭くなる		
○	×		○	×		
ライト	ミディアム	フル	ワインのタイプ 相性	ライト	ミディアム	フル
○	○	△		△	△	△

○=最適（相性が良い）　　△=やや適応（ワインによる）　　×=不適応（相性が良くない）

亜鉛の含有量が多く、生臭くなりやすい基準となるすしダネです。
鉄分の多いワインを合わせてしまうと生臭くなりますので、注意が必要です。
淡白な味わいのカズノコですが、だしに漬けることにより、味わいが増します。

相性のいい品種		
白ワイン		
甲州	ガルガネーガ	若飲みシャルドネ
デラウエア	ソーヴィニヨン・ブラン	セミヨン
アルバリーニョ	ピノ・グリ	シャンパーニュ
スパークリングワイン	ピノ・ブラン	フルボディ・スパークリングワイン
ミュスカデ	グリューナ・ヴェルトリーナ	
トレッビアーノ	ロゼ・ワイン	

おすすめの1本　　　ローラン・ペリエ ラ キュヴェ

トリ貝

	生臭み度	生臭み	生臭くなり やすい基準値
鉄分	14.5	多い	5.5以上
亜鉛	4.0	多い	3.25以上

※タイの鉄分含有量、生臭み度を1とした数値

味の濃さ（0軽〜15中〜30重）	1

付け加える物（薬味など）	
醤油	わさび

白ワイン・ロゼワイン スパークリングワイン				赤ワイン	
鉄分少ない	鉄分多い	ワインの鉄分	鉄分少ない	鉄分多い
生臭くならない	生臭くなる	味の相性	生臭くならない	生臭くなる
○	×		○	×

ライト	ミディアム	フル	ワインのタイプ 相性	ライト	ミディアム	フル
○	○	△		△	△	△

○=最適（相性が良い）　△=やや適応（ワインによる）　×=不適応（相性が良くない）

鉄分の含有量が、特に多く、生臭くなりやすいすしダネです。
亜鉛の含有量も多いです。
鉄分の多いワインを合わせてしまうと生臭くなりますので、注意が必要です。
淡白な味わいですので、ライトボディの白ワインがおすすめです。

相性のいい品種		
白ワイン		
甲州	ガルガネーガ	若飲みシャルドネ
デラウエア	ソーヴィニヨン・ブラン	セミヨン
アルバリーニョ	ピノ・グリ	シャンパーニュ
スパークリングワイン	ピノ・ブラン	フルボディ・スパークリングワイン
ミュスカデ	グリューナ・ヴェルトリーナ	ケルナー
トレッビアーノ	ロゼ・ワイン	

おすすめの1本	深川ワイナリー デラウェア スパークリング

すしダネ

アオヤギ

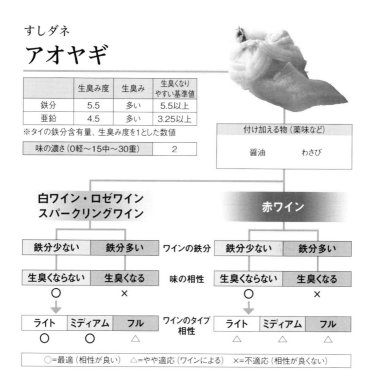

	生臭み度	生臭み	生臭くなり やすい基準値
鉄分	5.5	多い	5.5以上
亜鉛	4.5	多い	3.25以上

※タイの鉄分含有量、生臭み度を1とした数値

味の濃さ (0軽〜15中〜30重)	2

付け加える物 (薬味など)
醤油　　　　わさび

白ワイン・ロゼワイン スパークリングワイン / 赤ワイン

鉄分少ない	鉄分多い	ワインの鉄分	鉄分少ない	鉄分多い
生臭くならない	生臭くなる	味の相性	生臭くならない	生臭くなる
○	×		○	×

ライト	ミディアム	フル	ワインのタイプ 相性	ライト	ミディアム	フル
○	△	△		△	△	△

○=最適 (相性が良い)　△=やや適応 (ワインによる)　×=不適応 (相性が良くない)

鉄分と亜鉛の含有量が多く、生臭くなりやすいすしダネです。
鉄分の多いワインを合わせてしまうと生臭くなりますので、注意が必要です。
淡白な味わいですので、ライトボディの白ワインがおすすめです。
アオヤギのヒモの部分をあぶって、一緒に食べると香ばしい味わいになります。

相性のいい品種		
白ワイン		
甲州	ガルガネーガ	若飲みシャルドネ
デラウエア	ソーヴィニヨン・ブラン	セミヨン
アルバリーニョ	ピノ・グリ	シャンパーニュ
スパークリングワイン	ピノ・ブラン	フルボディ・スパークリングワイン
ミュスカデ	グリューナ・ヴェルトリーナ	ケルナー
トレッビアーノ	ロゼ・ワイン	

おすすめの1本	バルミニョール アルバリーニョ

クルマエビ

	生臭み度	生臭み	生臭くなり やすい基準値
鉄分	2.5	少ない	5.5以上
亜鉛	3.5	多い	3.25以上

※タイの鉄分含有量、生臭み度を1とした数値

味の濃さ(0軽〜15中〜30重)	4

付け加える物 (薬味など)	
醤油	わさび

白ワイン・ロゼワイン スパークリングワイン				赤ワイン		
鉄分少ない	鉄分多い		ワインの鉄分	鉄分少ない	鉄分多い	
生臭くならない	生臭くなる		味の相性	生臭くならない	生臭くなる	
○	×			○	×	
ライト	ミディアム	フル	ワインのタイプ 相性	ライト	ミディアム	フル
○	○	△		△	△	△

○=最適 (相性が良い)　　△=やや適応 (ワインによる)　　×=不適応 (相性が良くない)

エビも意外と亜鉛の含有量が多く、生臭くなりやすいすしダネです。
鉄分の多いワインを合わせてしまうと生臭くなりますので、注意が必要です。
淡白な味わいですので、ライトボディの白ワインがおすすめです。
エビ味噌をいれて握ると味わいが増しますので、ミディアムボディの白ワインも合います。

相性のいい品種		
白ワイン		
甲州	ガルガネーガ	若飲みシャルドネ
デラウエア	ソーヴィニヨン・ブラン	セミヨン
アルバリーニョ	ピノ・グリ	シャンパーニュ
スパークリングワイン	ピノ・ブラン	フルボディ・スパークリングワイン
ミュスカデ	グリューナ・ヴェルトリーナ	ケルナー
トレッビアーノ	ロゼ・ワイン	

おすすめの1本	フジクレール 甲州樽発酵

すしダネ

アマエビ

	生臭み度	生臭み	生臭くなり やすい基準値
鉄分	0.5	少ない	5.5以上
亜鉛	2.5	少ない	3.25以上

※タイの鉄分含有量、生臭み度を1とした数値

味の濃さ (0軽～15中～30重)	4

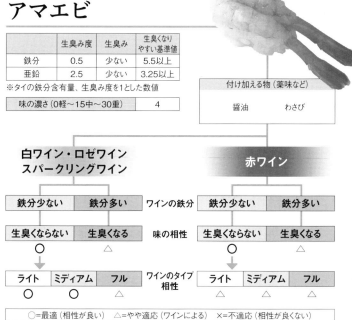

付け加える物 (薬味など)	
醤油	わさび

白ワイン・ロゼワイン スパークリングワイン			ワインの鉄分	赤ワイン		
鉄分少ない	鉄分多い		ワインの鉄分	鉄分少ない	鉄分多い	
生臭くならない	生臭くなる		味の相性	生臭くならない	生臭くなる	
○	△			○	△	
ライト	ミディアム	フル	ワインのタイプ 相性	ライト	ミディアム	フル
○	○	△		△	△	△

○=最適 (相性が良い)　△=やや適応 (ワインによる)　×=不適応 (相性が良くない)

エビの中で亜鉛の含有量が少なく、生臭くなりにくいすしダネです。
淡白な味わいですので、ライトボディの白ワインがおすすめです。

相性のいい品種		
白ワイン		
甲州	ガルガネーガ	若飲みシャルドネ
デラウエア	ソーヴィニヨン・ブラン	セミヨン
アルバリーニョ	ピノ・グリ	シャンパーニュ
スパークリングワイン	ピノ・ブラン	フルボディ・スパークリングワイン
ミュスカデ	グリューナ・ヴェルトリーナ	ケルナー
トレッビアーノ	ロゼ・ワイン	

おすすめの1本	グレイス 甲州

すしダネ
カンパチ・ヒラマサ

	生臭み度	生臭み	生臭くなり やすい基準値
鉄分	3.0	少ない	5.5以上
亜鉛	1.8	少ない	3.25以上

※タイの鉄分含有量、生臭み度を1とした数値

味の濃さ（0軽～15中～30重）	5

付け加える物（薬味など）
醤油　　わさび　　からし

白ワイン・ロゼワイン スパークリングワイン		赤ワイン	

鉄分少ない	鉄分多い	ワインの鉄分	鉄分少ない	鉄分多い
生臭くならない	生臭くなる	味の相性	生臭くならない	生臭くなる
○	△		○	△

ライト	ミディアム	フル	ワインのタイプ 相性	ライト	ミディアム	フル
○	○	○		○	△	△

○=最適（相性が良い）　△=やや適応（ワインによる）　×=不適応（相性が良くない）

鉄分も亜鉛も少ないので、生臭くなりにくいすしダネです。
脂分も程よく持っていますので、白ワインでしたら、フルボディのワインまで、
赤ワインでしたら、ライトボディのワインまで合わせる事が出来ます。
からしを薬味に使用しますので、スパイシーな味わいのワインと同調します。

相性のいい品種			
白ワイン			赤ワイン
甲州	ピノ・グリ	ケルナー	若飲みピノ・ノワール
デラウエア	ピノ・ブラン	樽熟シャルドネ	マスカットベリー A
アルバリーニョ	グリューナ・ヴェルトリーナ	樽熟ソーヴィニヨン・ブラン	ガメイ
スパークリングワイン	ロゼ・ワイン	リースリング	
ミュスカデ	若飲みシャルドネ	シュナン・ブラン	
トレッビアーノ	セミヨン	ヴィオニエ	
ガルガネーガ	シャンパーニュ	樽熟シャンパーニュ	
ソーヴィニヨン・ブラン	フルボディ・スパークリングワイン		

おすすめの1本	都農（つの）ワイン 牧内（まきうち）アンウッディド シャルドネ

すしダネ

キンメダイ

	生臭み度	生臭み	生臭くなり やすい基準値
鉄分	1.5	少ない	5.5以上
亜鉛	1.3	少ない	3.25以上

※タイの鉄分含有量、生臭み度を1とした数値

味の濃さ (0軽〜15中〜30重)	9

付け加える物 (薬味など)		
醤油　　しょうが　　白ねぎ		
わさび　　すだち		
スタイル		
あぶり		

白ワイン・ロゼワイン
スパークリングワイン

赤ワイン

鉄分少ない	鉄分多い	ワインの鉄分	鉄分少ない	鉄分多い
生臭くならない	生臭くなる	味の相性	生臭くならない	生臭くなる
○	△		○	△

ライト	ミディアム	フル	ワインのタイプ 相性	ライト	ミディアム	フル
○	○	○		○	△	△

○=最適 (相性が良い)　△=やや適応 (ワインによる)　×=不適応 (相性が良くない)

鉄分と亜鉛が少ないので、生臭くなりにくいすしダネです。
脂分を多く持つので、あぶって美味しいすしダネです。
薬味も多用出来るので、色々な要素を持つワインと同調します。
あぶれば、スモーキーさが増しますので、樽熟のシャルドネやソーヴィニヨン・ブラン。
しょうが、白ねぎには、ソーヴィニヨン・ブラン、すだちには、柑橘の香りを持つ白ワ
インが同調します。

相性のいい品種			
白ワイン			赤ワイン
甲州	ピノ・グリ	ケルナー	若飲みピノ・ノワール
デラウエア	ピノ・ブラン	樽熟シャルドネ	マスカットベリー A
アルバリーニョ	グリューナ・ヴェルトリーナ	樽熟ソーヴィニヨン・ブラン	ガメイ
スパークリングワイン	ロゼ・ワイン	リースリング	
ミュスカデ	若飲みシャルドネ	シュナン・ブラン	
トレッビアーノ	セミヨン	ヴィオニエ	
ガルガネーガ	シャンパーニュ	樽熟シャンパーニュ	
ソーヴィニヨン・ブラン	フルボディ・スパークリングワイン		

おすすめの1本	ケンゾー エステイト あさつゆ

147

すしダネ

サーモン

	生臭み度	生臭み	生臭くなり やすい基準値
鉄分	2.5	少ない	5.5以上
亜鉛	1.25	少ない	3.25以上

※タイの鉄分含有量、生臭み度を1とした数値

味の濃さ (0軽〜15中〜30重)	9

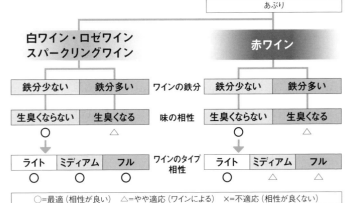

付け加える物 (薬味など)
醤油　わさび　すだち　白ねぎ
スタイル
あぶり

白ワイン・ロゼワイン スパークリングワイン				赤ワイン		
鉄分少ない	鉄分多い		ワインの鉄分	鉄分少ない	鉄分多い	
生臭くならない	生臭くなる		味の相性	生臭くならない	生臭くなる	
○	△			○	△	
ライト	ミディアム	フル	ワインのタイプ 相性	ライト	ミディアム	フル
○	○	○		○	△	△

○=最適 (相性が良い)　△=やや適応 (ワインによる)　×=不適応 (相性が良くない)

鉄分と亜鉛が少ないので、生臭くなりにくいすしダネです。
脂分を多く持つので、あぶって美味しいすしダネです。
薬味も多用出来るので、色々な要素を持つワインと同調します。
あぶれば、スモーキーさが増しますので、樽熟のシャルドネやソーヴィニヨン・ブラン。
白ねぎには、ソーヴィニヨン・ブラン、すだちには、柑橘の香りを持つ白ワインが同調します。

相性のいい品種			
白ワイン			赤ワイン
甲州	ピノ・グリ	ケルナー	若飲みピノ・ノワール
デラウエア	ピノ・ブラン	樽熟シャルドネ	マスカットベリー A
アルバリーニョ	グリューナ・ヴェルトリーナ	樽熟ソーヴィニヨン・ブラン	ガメイ
スパークリングワイン	ロゼ・ワイン	リースリング	
ミュスカデ	若飲みシャルドネ	シュナン・ブラン	
トレッビアーノ	セミヨン	ヴィオニエ	
ガルガネーガ	シャンパーニュ	樽熟シャンパーニュ	
ソーヴィニヨン・ブラン	フルボディ・スパークリングワイン		

おすすめの1本	シャトー・メルシャン 北信シャルドネ

戻りガツオ

	生臭み度	生臭み	生臭くなり やすい基準値
鉄分	9.5	多い	5.5以上
亜鉛	2.0	少ない	3.25以上

※タイの鉄分含有量、生臭み度を1とした数値

味の濃さ（0軽〜15中〜30重）	8

付け加える物（薬味など）
醤油　しょうが　すだち　白ねぎ　青ねぎ
スタイル
たたき

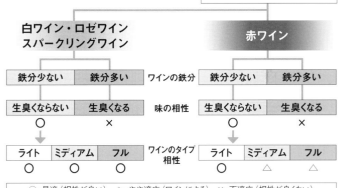

白ワイン・ロゼワイン スパークリングワイン				赤ワイン		
鉄分少ない	鉄分多い		ワインの鉄分	鉄分少ない	鉄分多い	
生臭くならない	生臭くなる		味の相性	生臭くならない	生臭くなる	
○	×			○	×	
ライト	ミディアム	フル	ワインのタイプ 相性	ライト	ミディアム	フル
○	○	○		○	△	△

○=最適（相性が良い）　△=やや適応（ワインによる）　×=不適応（相性が良くない）

鉄分が多いので、生臭くなりやすいすしダネです。
脂分を多く持つので、あぶってたたきスタイルにして、美味しいすしダネです。
薬味も多用出来るので、色々な要素を持つワインと同調します。
あぶれば、スモーキーさが増しますので、樽熟のシャルドネやソーヴィニヨン・ブラン。
青ねぎ・白ねぎには、ソーヴィニヨン・ブラン、すだちには、柑橘の香りを持つ白ワインが同調します。
初ガツオは、脂分がなく、あっさりとした味わいですので、ライトボディの白ワインがおすすめです。

相性のいい品種			
白ワイン			赤ワイン
甲州	ピノ・グリ	ケルナー	若飲みピノ・ノワール
デラウエア	ピノ・ブラン	樽熟シャルドネ	マスカットベリー A
アルバリーニョ	グリューナ・ヴェルトリーナ	樽熟ソーヴィニヨン・ブラン	ガメイ
スパークリングワイン	ロゼ・ワイン	リースリング	
ミュスカデ	若飲みシャルドネ	シュナン・ブラン	
トレッビアーノ	セミヨン	ヴィオニエ	
ガルガネーガ	シャンパーニュ	樽熟シャンパーニュ	
ソーヴィニヨン・ブラン	フルボディ・スパークリングワイン		

おすすめの1本	レザルム ド ラグランジュ

すしダネ
ウニ

	生臭み度	生臭み	生臭くなり やすい基準値
鉄分	4.5	少ない	5.5以上
亜鉛	5.0	多い	3.25以上

※タイの鉄分含有量、生臭み度を1とした数値

味の濃さ（0軽〜15中〜30重）	8

付け加える物（薬味など）
醤油　　　のり わさび　　ミョウバン

白ワイン・ロゼワイン スパークリングワイン				赤ワイン		
鉄分少ない	鉄分多い	ワインの鉄分	鉄分少ない	鉄分多い		
生臭くならない	生臭くなる	味の相性	生臭くならない	生臭くなる		
○	×		○	×		

ライト	ミディアム	フル	ワインのタイプ 相性	ライト	ミディアム	フル
○	○	○		○	△	△

○=最適（相性が良い）　△=やや適応（ワインによる）　×=不適応（相性が良くない）

亜鉛が多いので、生臭くなりやすいすしダネです。
のりも使用しますので、より生臭みが増します。鉄分の少ないワインを合わせる必要があります。
ウニの加工時の型崩れ防止や保存の為に添加するミョウバンは、ワインとの相性を悪くさせます。ミョウバン独特の苦味を持ちます。
鉄分の多いワインを合わせると、生臭みとミョウバンの苦味が目立ってしまいますので、特に注意が必要です。

相性のいい品種			
白ワイン			赤ワイン
甲州	ピノ・グリ	ケルナー	若飲みピノ・ノワール
デラウエア	ピノ・ブラン	樽熟シャルドネ	マスカットベリー A
アルバリーニョ	グリューナ・ヴェルトリーナ	樽熟ソーヴィニヨン・ブラン	ガメイ
スパークリングワイン	ロゼ・ワイン	リースリング	
ミュスカデ	若飲みシャルドネ	シュナン・ブラン	
トレッビアーノ	セミヨン	ヴィオニエ	
ガルガネーガ	シャンパーニュ	樽熟シャンパーニュ	
ソーヴィニヨン・ブラン	フルボディ・スパークリングワイン		

おすすめの1本	シャブリ プルミエクリュ ヴァイヨン ウィリアム フェーブル

すしダネ

コハダ

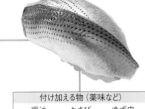

	生臭み度	生臭み	生臭くなり やすい基準値
鉄分	9.0	多い	5.5以上
亜鉛	2.25	少ない	3.25以上
酸化した脂分	10.0	多い	3.5以上

※タイの鉄分含有量、生臭み度を1とした数値

味の濃さ(0軽〜15中〜30重)	10

付け加える物(薬味など)		
醤油	わさび	ゆず皮
スタイル		
酢・塩じめ		

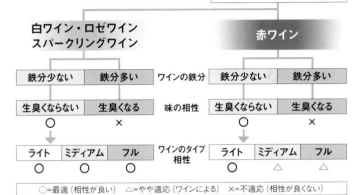

	白ワイン・ロゼワイン スパークリングワイン			赤ワイン		
ワインの鉄分	鉄分少ない	鉄分多い		鉄分少ない	鉄分多い	
味の相性	生臭くならない	生臭くなる		生臭くならない	生臭くなる	
	○	×		○	×	
ワインのタイプ相性	ライト	ミディアム	フル	ライト	ミディアム	フル
	○	○	○	○	△	△

○=最適(相性が良い)　△=やや適応(ワインによる)　×=不適応(相性が良くない)

鉄分が多いので、生臭くなりやすいすしダネです。
酸化しやすい脂分を多く持つすしダネでもあります。生臭くなりやすいので、
鉄分の少ないワインを合わせる必要があります。
ゆず皮をふったりしますので、柑橘の香りのするワインと同調します。
酢じめスタイルには、酸味が特徴のソーヴィニヨン・ブランが合います。

相性のいい品種			
白ワイン			赤ワイン
甲州	ピノ・グリ	ケルナー	若飲みピノ・ノワール
デラウエア	ピノ・ブラン	樽熟シャルドネ	マスカットベリー A
アルバリーニョ	グリューナ・ヴェルトリーナ	樽熟ソーヴィニヨン・ブラン	ガメイ
スパークリングワイン	ロゼ・ワイン	リースリング	
ミュスカデ	若飲みシャルドネ	シュナン・ブラン	
トレッビアーノ	セミヨン	ヴィオニエ	
ガルガネーガ	シャンパーニュ	樽熟シャンパーニュ	
ソーヴィニヨン・ブラン	フルボディ・スパークリングワイン		

おすすめの1本	ドメーヌ バロン ド ロートシルト レゼルブ 白

すしダネ
サバ

	生臭み度	生臭み	生臭くなり やすい基準値
鉄分	5.5	多い	5.5以上
亜鉛	2.5	少ない	3.25以上
酸化した脂分	12.0	多い	3.5以上

※タイの鉄分含有量、生臭み度を1とした数値

味の濃さ（0軽〜15中〜30重）	12

付け加える物（薬味など）		
醤油	わさび	からし
スタイル		
酢じめ	あぶり	

白ワイン・ロゼワイン スパークリングワイン				赤ワイン		
鉄分少ない	鉄分多い	**ワインの鉄分**		鉄分少ない	鉄分多い	
生臭くならない	生臭くなる	**味の相性**		生臭くならない	生臭くなる	
○	×			○	×	
ライト	ミディアム	フル	**ワインのタイプ** **相性**	ライト	ミディアム	フル
○				○	△	△

○=最適（相性が良い）　△=やや適応（ワインによる）　×=不適応（相性が良くない）

鉄分が多いので、生臭くなりやすいすしダネです。
酸化しやすい脂分を多く持つすしダネでもあります。生臭くなりやすいので、
鉄分の少ないワインを合わせる必要があります。
酢じめをするスタイルです。酸味が特長のソーヴィニヨン・ブランが同調します。
からしを使用した場合、スパイシーな香りのあるヴィオニエと同調します。

相性のいい品種			
白ワイン			赤ワイン
甲州	ピノ・グリ	ケルナー	若飲みピノ・ノワール
デラウエア	ピノ・ブラン	樽熟シャルドネ	マスカットベリー A
アルバリーニョ	グリューナー・ヴェルトリーナ	樽熟ソーヴィニヨン・ブラン	ガメイ
スパークリングワイン	ロゼ・ワイン	リースリング	
ミュスカデ	若飲みシャルドネ	シュナン・ブラン	
トレッビアーノ	セミヨン	ヴィオニエ	
ガルガネーガ	シャンパーニュ	樽熟シャンパーニュ	
ソーヴィニヨン・ブラン	フルボディ・スパークリングワイン		

おすすめの1本　クロ ド ラ クレド セラン ニコラ ジョリー

すしダネ
イワシ

	生臭み度	生臭み	生臭くなり やすい基準値
鉄分	9.0	多い	5.5以上
亜鉛	2.75	少ない	3.25以上
酸化した脂分	14.0	多い	3.5以上

※タイの鉄分含有量、生臭み度を1とした数値

味の濃さ（0軽〜15中〜30重）	14

付け加える物（薬味など）		
醤油	青ねぎ	エシャレット
わさび	しょうが	すだち
白ねぎ	みょうが	

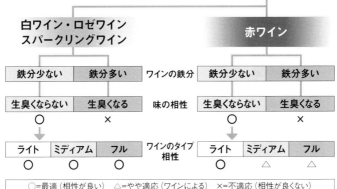

			ワインの鉄分			
白ワイン・ロゼワイン **スパークリングワイン**				**赤ワイン**		
鉄分少ない	鉄分多い		ワインの鉄分	鉄分少ない	鉄分多い	
生臭くならない	生臭くなる		味の相性	生臭くならない	生臭くなる	
○	×			○	×	
ライト	ミディアム	フル	ワインのタイプ 相性	ライト	ミディアム	フル
○	○	○		○	△	△

○=最適（相性が良い）　△=やや適応（ワインによる）　×=不適応（相性が良くない）

鉄分が多いので、生臭くなりやすいすしダネです。
酸化しやすい脂分を多く持つすしダネでもあります。生臭くなりやすいので、鉄分の少ないワインを合わせる必要があります。
薬味を多用するイワシです。白ワインなら、絞り掛けるすだちに、同調するライムやレモンの香りのするワインがおすすめです。
ねぎには、グリーンハーブ系のディルやフェンネルの香りを持つワインと同調します。
しょうが・みょうが・エシャレットには、しょうがの香りを持つソーヴィニヨン・ブランが相性がいいです。

相性のいい品種			
白ワイン			赤ワイン
甲州	ピノ・グリ	ケルナー	若飲みピノ・ノワール
デラウエア	ピノ・ブラン	樽熟シャルドネ	マスカットベリー A
アルバリーニョ	グリューナ・ヴェルトリーナ	樽熟ソーヴィニヨン・ブラン	ガメイ
スパークリングワイン	ロゼ・ワイン	リースリング	
ミュスカデ	若飲みシャルドネ	シュナン・ブラン	
トレッピアーノ	セミヨン	ヴィオニエ	
ガルガネーガ	シャンパーニュ	樽熟シャンパーニュ	
ソーヴィニヨン・ブラン	フルボディ・スパークリングワイン		

おすすめの1本　　クラウディ ベイ ソーヴィニヨン・ブラン

すしダネ

サンマ

	生臭み度	生臭み	生臭くなり やすい基準値
鉄分	7.0	多い	5.5以上
亜鉛	2.0	少ない	3.25以上
酸化した脂分	24.6	多い	3.5以上

※タイの鉄分含有量、生臭み度を1とした数値

味の濃さ(0軽～15中～30重)	24

付け加える物（薬味など）
醤油　　青ねぎ　エシャレット　　塩 わさび　しょうが　すだち　　梅肉 白ねぎ　みょうが　酒

白ワイン・ロゼワイン スパークリングワイン			赤ワイン		
鉄分少ない	鉄分多い	ワインの鉄分	鉄分少ない	鉄分多い	
生臭くならない	生臭くなる	味の相性	生臭くならない	生臭くなる	
○	×		○	×	
ライト	ミディアム	フル	ワインのタイプ 相性	ライト	ミディアム	フル
○	○	○		○	○	△

○=最適（相性が良い）　△=やや適応（ワインによる）　×=不適応（相性が良くない）

鉄分が多いので、生臭くなりやすいすしダネです。
酸化しやすい脂分を多く持つすしダネでもあります。生臭くなりやすいので、鉄分の少ないワインを合わせる必要があります。
薬味を多用するサンマです。白ワインなら、絞り掛けるすだちに、同調するライムやレモンの香りのするワインがおすすめです。
ねぎには、グリーンハーブ系のディルやフェンネルの香りを持つワインと同調します。
しょうが・みょうが・エシャレットには、しょうがの香りを持つソーヴィニヨン・ブランが相性がいいです。脂分を非常に多く持ちますので、ミディアムボディの赤ワインまで合わせる事が出来ます。

相性のいい品種			
白ワイン		赤ワイン	
甲州 デラウエア アルバリーニョ スパークリングワイン ミュスカデ トレッビアーノ ガルガネーガ ソーヴィニヨン・ブラン ピノ・グリ ピノ・ブラン グリューナ・ヴェルトリーナ ロゼ・ワイン	若飲みシャルドネ セミヨン シャンパーニュ フルボディ・スパークリングワイン ケルナー 樽熟シャルドネ 樽熟ソーヴィニヨン・ブラン リースリング シュナン・ブラン ヴィオニエ 樽熟シャンパーニュ	若飲みピノ・ノワール マスカットベリーA ガメイ サンジョベーゼ モンテプルチアーノ バルベーラ 樽熟ピノ・ノワール 若飲みカベルネ・ソーヴィニヨン 若飲みメルロー	シラー グルナッシュ ジンファンデル カベルネ・フラン カリニャン テンプラニーリョ ネッビオーロ ムールヴェドル マルベック

おすすめの1本	ドメイヌ タケダ ベリーA 古木

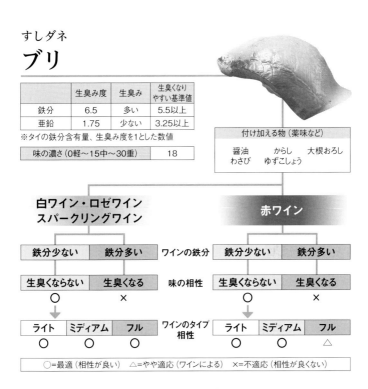

すしダネ

ブリ

	生臭み度	生臭み	生臭くなり やすい基準値
鉄分	6.5	多い	5.5以上
亜鉛	1.75	少ない	3.25以上

※タイの鉄分含有量、生臭み度を1とした数値

味の濃さ（0軽〜15中〜30重）	18

付け加える物（薬味など）

醤油　　　　からし　　大根おろし
わさび　　ゆずこしょう

白ワイン・ロゼワイン **スパークリングワイン**				**赤ワイン**		
鉄分少ない	鉄分多い		ワインの鉄分	鉄分少ない	鉄分多い	
生臭くならない	生臭くなる		味の相性	生臭くならない	生臭くなる	
○	×			○	×	
ライト	ミディアム	フル	ワインのタイプ 相性	ライト	ミディアム	フル
○	○	○		○	○	△

○＝最適（相性が良い）　△＝やや適応（ワインによる）　×＝不適応（相性が良くない）

鉄分の多い生臭くなりやすいすしダネです。脂分も多く持つので、赤ワインでしたら、
ミディアムボディのワインまで、合わせる事が出来ます。

相性のいい品種			
白ワイン		**赤ワイン**	
甲州 デラウエア アルバリーニョ スパークリングワイン ミュスカデ トレッビアーノ ガルガネーガ ソーヴィニヨン・ブラン ピノ・グリ ピノ・ブラン グリューナ・ヴェルトリーナ ロゼ・ワイン	若飲みシャルドネ セミヨン シャンパーニュ フルボディ・スパークリングワイン ケルナー 樽熟シャルドネ 樽熟ソーヴィニヨン・ブラン リースリング シュナン・ブラン ヴィオニエ 樽熟シャンパーニュ	若飲みピノ・ノワール マスカットベリー A ガメイ サンジョベーゼ モンテプルチアーノ バルベーラ 樽熟ピノ・ノワール 若飲みカベルネ・ソーヴィニヨン 若飲みメルロー	シラー グルナッシュ ジンファンデル カベルネ・フラン カリニャン テンプラニーリョ ネッビオーロ ムールヴェドル マルベック

おすすめの1本	フレデリック マニャン ブルゴーニュ ピノ・ノワール

すしダネ
イクラ

	生臭み度	生臭み	生臭くなり やすい基準値
鉄分	10.0	多い	5.5以上
亜鉛	5.25	多い	3.25以上
酸化した脂分	15.6	多い	3.5以上

※タイの鉄分含有量、生臭み度を1とした数値

味の濃さ（0軽〜15中〜30重）	16

付け加える物（薬味など）		
醤油	のり	みりん
わさび	酒	塩
スタイル		
醤油づけ	塩づけ	

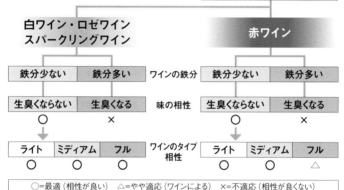

白ワイン・ロゼワイン スパークリングワイン					赤ワイン		
鉄分少ない	鉄分多い		ワインの鉄分	鉄分少ない		鉄分多い	
生臭くならない	生臭くなる		味の相性	生臭くならない		生臭くなる	
○	×			○		×	
ライト	ミディアム	フル	ワインのタイプ 相性	ライト	ミディアム	フル
○	○	○		○	○	△

○=最適（相性が良い）　△=やや適応（ワインによる）　×=不適応（相性が良くない）

鉄分と亜鉛が多いので、非常に生臭くなりやすいすしダネです。
酸化しやすい脂分を多く持つすしダネでもあります。とても生臭くなりやすいので、鉄分の少ないワインを合わせる必要があります。
醤油づけ・塩づけをするスタイルです。脂分も多く持ちますので、味の濃さがあります。
ミディアムボディの赤ワインまで合わせる事が出来ます。

相性のいい品種			
白ワイン		赤ワイン	
甲州	若飲みシャルドネ	若飲みピノ・ノワール	シラー
デラウエア	セミヨン	マスカットベリーA	グルナッシュ
アルバリーニョ	シャンパーニュ	ガメイ	ジンファンデル
スパークリングワイン	フルボディ・スパークリングワイン	サンジョベーゼ	カベルネ・フラン
ミュスカデ	ケルナー	モンテプルチアーノ	カリニャン
トレッビアーノ	樽熟シャルドネ	バルベーラ	テンプラニーリョ
ガルガネーガ	樽熟ソーヴィニヨン・ブラン	樽熟ピノ・ノワール	ネッビオーロ
ソーヴィニヨン・ブラン	リースリング	若飲みカベルネ・ソーヴィニヨン	ムールヴェドル
ピノ・グリ	シュナン・ブラン	若飲みメルロー	マルベック
ピノ・ブラン	ヴィオニエ		
グリューナー・ヴェルトリーナ	樽熟シャンパーニュ		
ロゼ・ワイン			

おすすめの1本	シャサーニュ・モンラッシェ ルイ・ジャド

すしダネ
アナゴ

	生臭み度	生臭み	生臭くなり やすい基準値
鉄分	4.0	少ない	5.5以上
亜鉛	1.75	多い	3.25以上
酸化した脂分	9.3	多い	3.5以上

※タイの鉄分含有量、生臭み度を1とした数値

味の濃さ（0軽〜15中〜30重）	15

付け加える物（薬味など）		
醤油	ゆず	みりん
わさび	酒	砂糖
スタイル		
煮詰め　　　（甘だれ）		

白ワイン・ロゼワイン スパークリングワイン

赤ワイン

鉄分少ない	鉄分多い	ワインの鉄分	鉄分少ない	鉄分多い
生臭くならない	生臭くなる	味の相性	生臭くならない	生臭くなる
○	×		○	×

ライト	ミディアム	フル	ワインのタイプ 相性	ライト	ミディアム	フル
○	○	○		○	○	△

○=最適（相性が良い）　△=やや適応（ワインによる）　×=不適応（相性が良くない）

酸化しやすい脂分を多く持つすしダネでもあります。生臭くなりやすいので、鉄分の少ないワインを合わせる必要があります。

煮てから、煮詰め（甘だれ）を塗るスタイルです。脂分も多く持ちますので、味の濃さがあります。

ミディアムボディの赤ワインまで合わせる事が出来ます。

ふりゆずをする場合は、柑橘の香りのするワインに同調します。

相性のいい品種

白ワイン

甲州	若飲みシャルドネ
デラウエア	セミヨン
アルバリーニョ	シャンパーニュ
スパークリングワイン	フルボディ・スパークリングワイン
ミュスカデ	ケルナー
トレッビアーノ	樽熟シャルドネ
ガルガネーガ	樽熟ソーヴィニヨン・ブラン
ソーヴィニヨン・ブラン	リースリング
ピノ・グリ	シュナン・ブラン
ピノ・ブラン	ヴィオニエ
グリューナー・ヴェルトリーナ	樽熟シャンパーニュ
ロゼ・ワイン	

赤ワイン

若飲みピノ・ノワール	シラー
マスカットベリー A	グルナッシュ
ガメイ	ジンファンデル
サンジョベーゼ	カベルネ・フラン
モンテプルチアーノ	カリニャン
バルベーラ	テンプラニーリョ
樽熟ピノ・ノワール	ネッビオーロ
若飲みカベルネ・ソーヴィニヨン	ムールヴェドル
若飲みメルロー	マルベック

おすすめの1本　　　　ブラゾン ド オーシエール

すし・和食におすすめのワイン

　本編で紹介したワイン以外でおすすめのワインです。

　すし・和食に合う3点の基準をクリアしたワインです。

　1. 煮干し官能評価をして、鉄分の少ないワインと判断し、すし・和食と合わせて生臭くならなかったワイン。

　2. すし・和食に同調する要素を持つワイン。

　同調する要素→・柑橘系の香り、薬味に使用するネギやショウガやワサビなどに同調するハーブやスパイシーな香りや風味、あぶりや焼き物のスモーキーな香り、塩味、海に由来するミネラル感を持つ味わいなど。

　3. すし店・和食店で実際、提供して、お客様からの評価が高い実績のあるワイン。

▌すし・和食におすすめの シャンパン・スパークリングワイン

ニコラ・フィアット コレクション ヴィンテージ ブラン・ド・ブラン

［フランス・シャンパーニュ　日本酒類販売］

　鉄分の含有量が日本酒と同じで、生臭くなりやすい魚介類と合わせても生臭くなりません。

ローラン・ペリエ　ラ　キュベ

［フランス・シャンパーニュ　サントリー］

　ローラン・ペリエのスタイルは「フレッシュさ」「エレガントさ」「バランスの良さ」です。

モエ・エ・シャンドン　モエ　アンペリアル

［フランス・シャンパーニュ　MHDモエヘネシーディアジオ］

　あらゆる料理と合うようにブレンドされたバランスの良い味わいです。

ボランジェ　スペシャル・キュヴェ

［フランス・シャンパーニュ　アルカン］

　マグナムボトルで5年〜15年熟成させたリザーヴ・ワインを使用するこだわりを持ちます。

ヴーヴ・クリコ　イエローラベル　ブリュット

［フランス・シャンパーニュ　MHDモエヘネシーディアジオ］

　力強さとフィネスとの間の完璧なバランス、その複雑な味わいが魅力です。

アンリオ　ブリュット　スーヴェラン

［フランス・シャンパーニュ　ファインズ］

　家族経営だからこそ実現できた贅沢な造り。深みのある味わいです。

マム　グラン　コルドン

［フランス・シャンパーニュ　ペルノ・リカール・ジャパン］

　赤いリボンが目印。魚介料理とも絶妙な相性です。フレッシュながらも力強い味わいです。

テタンジェ　プレリュード　グラン・クリュ

［フランス・シャンパーニュ　サッポロビール］

　「前奏曲」と名付けたシャンパーニュ。豊かな余韻が長く続きます。

ドン　ペリニョン　ヴィンテージ

［フランス・シャンパーニュ　MHDモエヘネシーディアジオ］

　芸術品とも呼べる高品質シャンパーニュ。ほんのりスモーキーな深い味わいの余韻が特徴。

クリュッグ　グランド・キュヴェ

［フランス・シャンパーニュ　MHDモエヘネシーディアジオ］

　120種類以上のワインをブレンドします。120種類以上の味わいが包容力を生みます。

ルイ・ロデレール　クリスタル

［フランス・シャンパーニュ　エノテカ］

　美しさを備えた傑作。テロワールを映し出した力強くもピュアな味わいです。

サロン　ブリュット　ブラン・ド・ブラン

［フランス・シャンパーニュ　ラック・コーポレーション］

　これまでの 100 年間 37 回のみリリース。唯一無二の長期熟成シャンパーニュ。

ニコラ・フィアット
レゼルヴ・エクスクルーシヴ　ロゼ

［フランス・シャンパーニュ　日本酒類販売］

　13 年連続フランス No.1 シャンパーニュ。赤系果実の香りが心地よい繊細な味わいです。

ヴーヴ・クリコ　ローズラベル

［フランス・シャンパーニュ　MHDモエヘネシーディアジオ］

　1818 年から造られた伝統あるロゼシャンパーニュ。赤系果実のさわやか味わいです。

コドーニュ　クラシコ　セコ

［フランス・シャンパーニュ　メルシャン］

　スペインの伝統品種を使用した、ほのかな甘み
が優しく広がる中辛口のスパークリングワイン。

ジェイコブス・クリーク　シャルドネ　ピノ・ノワール

［フランス・シャンパーニュ　ペルノ・リカール・ジャパン］

　気軽にすし・和食と合せる事の出来る、親しみ
やすい辛口スタイルのスパークリングワインです。

嘉スパークリング　シャルドネ

［山形　高畠ワイナリー］

　世界基準の醸造法と最新の設備で造る高品質
な日本の辛口スパークリングワインです。

深川ワイナリー　デラウェア　スパークリング

［東京　深川ワイナリー］

　東京　深川で造る山形県産デラウェア種の柑橘
香スパークリングワインです。

▌すし・和食におすすめの日本ワイン

アルガブランカ　クラレーザ甲州

[白 / 山梨　勝沼醸造]

　全体のバランスが整っており若々しい甲州ワイン。醤油、ワサビにも良く合うのが特徴です。

アルガブランカ　ヴィニャル　イセハラ甲州

[白 / 山梨　勝沼醸造]

　伊勢原の単一畑からの甲州種 100% で醸造したワインです。コクのある味わいが魅力です。

サントリー　ジャパンプレミアム甲州

[白 / 山梨　サントリー]

　穏やかな酸味、ほど良い渋味のあるすっきりとした味わいです。食卓に寄り添うワインです。

シャトー・メルシャン　山梨甲州

[白 / 山梨　メルシャン]

　しっかりとしたうまみと厚みのある辛口ワインです。和柑橘のさわやかな香りを持ちます。

グレイス　グリド甲州

[白 / 山梨　中央葡萄酒]

　アルザスでピノグリの可能性に魅せられ 1999 年
に生まれたワイン。ほどよい旨味です。

深川ワイナリー　デラウェア

[白 / 東京　深川ワイナリー]

　深川ワイナリーのデラウェアは辛口に仕上げ、す
し・和食に万能なタイプです。

タケダワイナリー　サン・スフル　デラウェア

[白 / 山形　タケダワイナリー]

　酸化防止剤を使用しない「サン・スフル」で醸造
を行います。ろ過もしない素直な味わいです。

高畠クラシック　上和田ピノ・ブラン

[白 / 山形　高畠ワイナリー]

　ブドウ品種の果実感を素直に表したベーシック・
ブランド。フレッシュな酸味を強調した辛口。

安心院ワイン　ソーヴィニヨン・ブラン

[白 / 大分　安心院葡萄酒工房]

　洋ナシや桃のような甘い香りと、柑橘系の香り、ハーブの香りが混在した酸味が心地よい味わい。

シャトー・メルシャン　椀子ソーヴィニヨン・ブラン

[白 / 長野　メルシャン]

　「椀子ヴィンヤード」で栽培し醸造しています。はつらつとした酸味、ミネラル感が広がります。

都農ワイン　牧内アンウッディド　シャルドネ

[白 / 宮崎　都農ワイン]

　ステンレスタンクで低温発酵して、シャルドネ自身が持つフルーティーさを引き出したワイン。

熊本ワイン　菊鹿シャルドネ

[白 / 熊本　熊本ワインファーム]

　独自の栽培方法で、凝縮感のある質の高いブドウを作ります。ブレンドの技術も駆使します。

平川ワイナリー
ノートル　シエクル　グランド　キュベ

[白 / 北海道 平川ワイナリー]

　目指すのは世界の美食の舞台。柑橘系のアロマ
を基調としてハーブやミネラル感も持ちます。

タケダワイナリー　サン・スフル　ベリー A

[赤 / 山形　タケダワイナリー]

　山形の風土で育まれた素直なブドウ本来の味わ
いを楽しめます。イチゴの様なフレッシュ感。

千歳ワイナリー　北ワイン　ピノ・ノワール

[赤 / 北海道　北海道中央葡萄酒]

　余市町　木村農園の樹齢15年~35年のピノ・
ノワールを8ヶ月間、樽熟成しています。

井筒ワイン　NACメルロー［樽熟］

[赤 / 長野　井筒ワイン]

　長野県原産地呼称管理制度認定品シリーズ。
柔らかな味わいに樽熟成による深み、厚みが付加。

▍すし・和食におすすめの世界ワイン

ウングシュタイナー　ヘレンベルグ　リースリング
カビネット　トロッケン　ヘレンベルク・ホーニッヒゼッケル

[白/ドイツ・ファルツ　ヘレンベルガー・ホーフ]

　ワイナリーの看板品種。上品な果実味と、すっきりとした後味がすし・和食に合います。

パコ・イ・ロラ

[白/スペイン・リアス・バイシャス　日本酒類販売]

　海に近いブドウの為、ワインに塩味もあり、更にすし・和食との相性を良くします。

クラウディー　ベイ　ソーヴィニヨン・ブラン

[白/ニュージーランド・マールボロ　MHDモエヘネシーディアジオ]

　ニュージーランドを代表するワイナリー。凝縮感とピュアな果実味を併せ持ちます。

レザルム　ド　ラグランジュ　シャトー
ラグランジュ

[白/フランス・ボルドー　ファインズ]

　シャトー　ラグランジュが造る白ワイン。凝縮された果実味とハーブと上品な樽の香り。

シャサーニュ・モンラッシェ　ルイ・ジャド

[白/フランス・ブルゴーニュ　日本リカー]

　テロワールを反映したエレガントでフローラルな
香り、繊細なミネラル感が特徴です。

ピュリニー　モンラッシェ
クラヴォワヨン　ルフレーヴ

[白/フランス・ブルゴーニュ　ラック・コーポレーション]

　純粋なビオディナミを実施するピュリニーの大御
所。強いミネラル感を持ちます。

おわりに

　もうすでに、すし・和食は世界に広がっています。そしてワイン、ウイスキー、ビールは世界中にあります。そのすし・和食ブームに伴って日本酒や焼酎が世界に輸出されています。

　すし・和食にお酒を合わせるのは当たり前の時代です。そして新しいペアリングとしてすし・和食とワインの時代が来ています。お酒とすし・和食のペアリング法則を知っていたら世界が広がります。ペアリング法則はありますが、大切なのは美味しいお酒と美味しいすし・和食を一緒に楽しむという事です。積極的に、お酒とすし・和食を楽しんで下さい。ペアリング法則をマイナスでとらえるのではなく、プラス思考で楽しんで欲しいと願います。その際に生臭くなったり、すし・和食の味わいが消えてしまったりしたら、ペアリング法則を思い出して下さい。積極的なペアリングは、新たな発見が生まれる事があるかもしれません。

　私は「鮨とワインのアカデミー」の事業で引き続き、お酒とすし・和食のペアリングの研究をしています。お酒とすし・和食のペアリング法則には、まだまだ発見される事があると考えています。またその時には皆様にお伝えしたいと思っています。

　最後に、編集にご尽力いただきました旭屋出版の永瀬 正人様、森 正吾様、前田 和彦様にこの場を借りて、誠に感謝申し上げます。

鮨とワインのアカデミー
代表
大江 弘明

著者紹介

<ruby>大<rt>おおえ</rt></ruby><ruby>江<rt></rt></ruby> <ruby>弘<rt>ひろあき</rt></ruby><ruby>明<rt></rt></ruby>

「鮨とワインのアカデミー」代表を務める、ソムリエの大江弘明氏が、「すしとワインを合せると生臭くなることが多いのはなぜか?」という疑問に対し、独自の視点でそれを解決。さらにワインだけでなく、日本酒、焼酎、ビール、ウイスキーとすし・和食のペアリング理論を、具体例を挙げながら紹介する。様々な業種で接客サービスに役立つ一冊。

[参考文献]

『**現代すし技術教本　江戸前ずし編**』
全国すし商生活衛生同業組合連合会　監修(旭屋出版)

『**現代すし学**』大川 智彦 著(旭屋出版)

『**人気の和食づくり入門**』大田 忠道　著(旭屋出版)

『**646食品成分表**』646食品成分表編集委員会　著(東京法令出版)

『**和食とワイン**』田崎 真也　高橋 拓児　著(一般社団法人　日本ソムリエ協会)

『**JAPAN　WINE　日本ワイン検定公式テキスト　—上級編—**』
日本ワイン検定委員会(日本ワインを愛する会)

『**テロワール TERROIR 大地の歴史に刻まれたフランスワイン**』
ジェームズE.ウィルソン　著　中濱 潤子/葉山 考太郎/桑原 朗/立花 峰夫　翻訳
坂本 雄一　監訳　川本祥史　監修・監修(ヴィノテーク)

『**ワイン　テイスティング　バイブル**』谷 宣英　著(ナツメ社)

『**The WINE ワインを愛する人のスタンダード&テイスティングガイド**』
マデリン・パケット/ジャスティン・ハマック　著(日本文芸社)

『**日本酒の基礎知識**』木村 克己　監修(新星出版社)

『**日本酒のペアリングがよくわかる本**』
葉石 かおり　監修(シンコーミュージック・エンタテイメント)

『**ツウになる!焼酎の教本**』友田 晶子 著(秀和システム)

ワイン・日本酒・焼酎・ウイスキー・ビールをおいしく合わせる

すし・和食の
ペアリング法則

発行日	令和3年3月22日　初版発行

著　者	大江　弘明
発行者	早嶋　茂
制作者	永瀬　正人
発行所	株式会社旭屋出版
	〒160-0005
	東京都新宿区愛住町23-2ベルックス新宿Ⅱ6階
	郵便振替　00150-1-19572

販売部 TEL 03(5369)6423
　　　　FAX 03(5369)6431
編集部 TEL 03(5369)6424
　　　　FAX 03(5369)6430
旭屋出版ホームページ　https://asahiya-jp.com/

印刷・製本　シナノ　パブリッシング　プレス